트로이
전쟁

———

THE
TROJAN
WAR

연암서가
인문교실

트로이
전쟁

에릭 H. 클라인 지음
손영미 옮김

THE
TROJAN
WAR

연암서가

일러두기

트로이 전쟁과 관련된 인명, 지명 등 외국어의 표기는 일반적으로 통용되는 발음을
따르되, 고대 그리스어는 『그리스 신화의 세계』 1, 2권(유재원, 현대문학, 1998)을
참고했고, 히타이트 지명은 서울대학교 종교학과의 배철현 교수님, 터키어 지명은
주한 이스탄불 문화원 후세인 이트 원장님의 도움을 받았음을 밝힙니다.

내 나이 일곱 살 때
트로이 전쟁의 놀라운 이야기를 처음 해주신
돌아가신 어머님께 이 책을 바칩니다.

옮긴이의 말

———

2012년 6월, 영국에서는 여왕 엘리자베스 2세의 즉위 60주년을 기념해 나흘 동안 다양한 축하 행사가 진행되었다. 그중 가장 눈길을 끈 것은 일요일인 6월 3일 템스 강에서 벌어진 선박 행렬이었는데, 천 척의 배가 3만 명의 승객을 태운 채 화려한 음악에 맞추어 두 시간 동안 템스 강을 흘러간 것이었다. 강변에 운집한 백만여 명의 관광객은 형형색색으로 단장한 갖가지 배들을 보며 경탄을 금치 못했다. 템스 강에서 마지막으로 그런 행사가 열린 것은 350년 전인 1662년, 찰스 2세가 수많은 배를 띄우고 음악과 축포로 포르투갈의 공주 캐더린을 왕비로 맞아들인 날이었다.

그런데 여왕 즉위 60주년 기념 선박 행렬에는 왜 5백 척도, 2천 척도 아닌 천 척의 배가 참가했을까? 우연의 일치일 수도 있지만, 엘리자베스 1세 시대 극작가인 크리스토퍼 말로우의 희곡 『포스터스 박사』(1604)를 보면 그 이유를 알 수 있다:

> 이것이 바로 천 척의 배를 출항시키고●
> 일리움의 까마득히 높은 탑들을 무너뜨린 그 얼굴이던가?
> 아름다운 헬렌이여, 당신의 입맞춤으로 나를 불멸의 존재로 만들어주오.
>
> (제12장 81~84행)

그리스 전체에서 가장 아름답고, 그 미모로 인해 트로이 전쟁의 단초가 된 헬레네는 『일리아드』와 『오디세이아』를 통해 완벽한 고전미의 상징이 되었고, 그 후 수많은 예술 작품에 등장했다. 그녀는 물론 호메로스의 상상력이 빚어낸 허구의 인물에 불과하지만 문

● 『일리아드』 제2권 494~759행에 나오는 「배들의 목록」에 보면 그리스군은 1,186척의 배를 동원해 트로이(일리움)를 공격했다고 한다.

화적으로는 그리스 신화의 3대 여신 못지않은 위상을 차지하고 있다. 그리고 그날 영국인들은 말로우가 노래한 천 척의 배를 띄움으로써—여왕을 아름다움의 상징인 헬레네에 비유함으로써— 즉위 60주년을 맞은 그녀에게 최고의 찬사를 바친 셈이다. 기원전 8세기에 쓰인 호메로스의 시와 400년 전에 쓰인 말로우의 시가 호화롭게 치장한 천 척의 배가 되어 현실 속의 템스 강을 수놓은 하루였다.

헬레네와 템스 강의 선박 행렬은 단적인 예지만, 기독교 신화에서 태초에 말씀이 있었듯이 서구 문화에서는 처음에 트로이 전쟁이 있었다고 할 수 있을 정도로 그 영향력은 깊고 포괄적이다. 오늘날의 히살릭이 정말 트로이라고 가정할 때, 직경 200미터, 높이 15미터에 불과한 작은 둔덕이 지난 2800년 동안 그토록 다양하고 심대한 영향을 끼쳐왔다는 것이 불가해할 정도다. 발굴된 유물 또한 많지 않아서, 트로이는 그야말로 물리적 기반은 미약하지만 그 문화적 존재감은 창대한, 역사상 유례없는 도시라 할 수 있다.

물론 히살릭/트로이의 지정학적 위치 때문에 오래전부터 많은 집단이 그 지배권을 놓고 경합을 벌여온 것이 사실이지만, 이 놀라운 불균형은 주로 호메로스라는 위대한 시인의 천재성에서 비롯된 것이다. "그리스 최고의 미인" 헬레네와 "인간 중에 가장 아름다운" 파리스의 신화적인 사랑, 트로이 최고의 전사 헥토르와 그에 대한 프리엄 왕의 애타는 부정, 사랑하는 친구 파트로클로스를 잃은 영웅 아킬레우스의 광기 어린 폭력, 20년 만에 돌아온 주인 오디세우스를 제일 먼저 알아보고 꼬리를 흔드는 충견 아르고스의 이야기 등, 그의 서사시는 한 번 읽으면 잊을 수 없는 매력적인 인물과 놀랍고 감동적인 일화들로 가득 차 있다. 그래서 호메로스를 직접 읽거나 그로부터 유래한 작품을 접한 이들은 누구나 그 인물들과 사건들이 모두 등장하는 트로이 전쟁이 단지 하나의 허구인지, 실제로 일어난 역사적 사건인지 알고 싶어 한다. 아니, 그처럼 생생한 인물들이 단지 상상력의 산물일 수는 없으니, 그 전쟁은 반드시 일어났어야 한다고 소망한다. 그리고 그 전쟁이 정말 일어났다면 언제 어디서 일어났는지, 시에 등장하는 트로이가 실제로 존재한 장소였는지 궁금해한다. 어린 슐리만이 아버지를 등에 업고 아들을 품에 안은 채 불타는 트로이를 빠져나가는 아이네이아스의 목판화를 보면서,

실제로 그 일이 일어나지 않았으면 화가가 그런 장면을 그릴 수 없었을 거라고 생각했다는 것과 대동소이한 얘기다.

조지 워싱턴 대학의 고전문학 및 고고학 교수로 그리스, 크레테, 이집트, 이스라엘, 요르단 등 지중해 연안의 많은 유적지를 발굴하고 논문과 저서를 펴낸 에릭 클라인은 거의 3천 년 동안 수많은 사람을 매료시켜 온 바로 이 문제를 문학, 역사, 고고학 등 여러 측면에서 검토하면서, 그동안의 연구 성과를 이용해 그 실증적 근거를 제시하고 있다. 이 책에서는 지금까지 트로이를 발굴해온 여러 학자의 업적을 소개하는 데 그치고 있지만, 그 자신도 「바다의 사람들」의 정체」(2003), 「미케네의 국제무역 재고再考」(2007), 『기원전 1177년』(2014) 등 여러 자료에서 이 책에 등장하는 이슈들에 대해 놀랍도록 광범위하면서도 상세한 연구 성과를 선보인 바 있다.● 그렇지만 "아주 짧은 소개서"

● "The Mystery of the 'Sea Peoples'". In *Mysterious Lands*, ed. D. O'Connor and S. Quirke, 107-38. London: UCL P, 2003; "Rethinking Mycenaean International Trade". In *Rethinking Mycenaean Palaces*, ed. W. Parkinson and M. Galaty, 190-200. 2nd Edition. Los Angeles: Cotsen Institute of Archeology, 2007; *1177 B.C.* Princeton UP, 2014.

트로이 전쟁

인 이 책에서는 그 이슈들에 대한 사견은 거의 배제한 채, 트로이 연구에서 중요한 전환점이 된 발굴과 그 의미들을 간략하면서도 명료하게 소개함으로써 독자의 이해를 돕고 있다. 뿐만 아니라 호메로스 이외의 그리스 서사시 10편의 내용, 미국과 유럽에서 번역되고 있는 히타이트 측의 시와 문서, 트로이뿐 아니라 중동과 미케네 지역에서 발굴된 유물 등을 유기적으로 연관지어 논의에 활용함으로써 트로이 전쟁을 다룬 여러 작품과 그 역사적 근거에 대한 열띤 논쟁이 새로운 국면으로 접어들 것이라는 즐거운 기대를 불러일으키고 있다.

슐리만이 첫 발굴을 시작한 1870년 이후 트로이는 신석기 유적인 샤탈 휘익과● 함께 현대 고고학의 가장 중요한 현장으로서의 위상을 유지하고 있다. 두 사이트 모두 여전히 많은 의문이 남아 있지만, 이 책에 소

● "[샤탈 휘익은] 고고학의 최신 연구 방법과 이론 들이 동원되고 있는, 현재 세계 최대의 발굴 현장 중 하나"(Steven Mithen, *After the Ice*, Harvard UP, 2003, p. 94). "고고학 역사상 한 유적지에 가장 많은 과학적 지식이 집중된 장소"(Michael Balter, *The Goddess and the Bull: Catalhoyuk: An Archeological Journey to the Dawn of Civilization*, Free Press, 2005, p. 4)

개된 발굴 방식과 범위의 변화, 그에 따른 새로운 발견들을 보면 진실을 향한 인류의 부단한 탐험이 새삼 가슴 설레게 한다. 저자가 추측하는 대로 트로이 전쟁이 실제로 일어났다면 3천여 년 전 일인데, 우리는 여전히 그 사건의 진실을 찾아 지금까지 개발된 수많은 과학과 고고학적 지혜로 무장한 채 아주 대담하면서도 곡진한 걸음으로 그날을 향해 돌아가고 있기 때문이다. 하지만 그보다 더 경이로운 것은 이 모든 탐색이 어찌 보면 객관적, 물리적 근거보다는 호메로스의 시라는 지극히 형이상학적인 이유에서 출발했다는 사실이다. 클라인의 설명을 보면 『일리아드』는 물론 청동기와 철기 시대의 여러 요소들이 복합적으로 작용하고 있는 상당히 사실적인 텍스트지만, 그것은 최근의 연구 성과를 통해 밝혀진 것이고, 슐리만과 후대 발굴자들의 열정과 헌신에 불을 당긴 것은 터키의 작은 둔덕이 아니라 거의 30세기 동안 인류의 상상력을 자극한 시인과 예술가들의 살아 숨 쉬는 시와 소설, 그림과 조각이었다. 그 불꽃 튀는 예술혼이 현실에 뿌리박고 있음을 입증하려는 노력, 그리고 그와 동시에 인간은 아주 작고 미미한 사실이나 경험을 통해서도 거대한 꿈을 꿀 수 있음을 보여주는 것이 바로 트로이 발굴의 역사이다. 클라인의 짧지만 충실한 내러티브는 그 래서 충분히 감동적이다.

감사의 말

이 책은 내가 조지 워싱턴 대학에서 몇 년 동안 가르친 세미나 코스를 토대로 쓴 트로이 전쟁과 트로이/히살릭의 발견 및 발굴에 대한 아주 간략한 소개서다. 나는 전에도 여러 학술 논문, 질 러벌커버와 같이 쓴 청소년 도서(*Digging for Troy: From Homer to Hisarlik*; Charlesbridge, 2010), 오디오 강의(*Archaeology and the Iliad: The Trojan War in Homer and History*; The Modern Scholar/Recorded Books, 2006) 및 부속 자료 등에서 여러 번 트로이 전쟁을 다룬 바 있다. 이 책은 많은 연구가 이루어지고 있는 이 주제에 대한 최근의 재검토 및 재해석을 포함, 그 모든 자료를 업데이트한 버전이다.

먼저, 이번에도 훌륭한 작업을 해준 편집자 낸시 토프와 그녀의 조수 소냐 타이코에게 감사드린다. 원고 전체를 읽으며 수정하거나 보완할 점을 말해준 내 아내 다이앤 해리스 클라인, 아버지, 옥스퍼드 대학 출판부에서 이 원고를 검토한 익명의 두 편집자에게 감사드린다. 모던 스칼러/리코디드 북스의 에드 화이트는 오디오 강의와 부속 자료에 나오는 내용을 인용하거나 수정 인용할 수 있도록 허락해주었다. 에릭 섀노워, 크리스토프 하우스너, 트레버 브라이스, 캐롤 허셴슨과 신시내티 대학 고전학과, 튀빙겐 대학의 페터 야블론카와 트로이아 프로젝트는 여러 도판을 제공해주었다. 캐롤 벨, 존 베넷, 조슈아 W. 캐넌, 어윈 F. 쿡, 올리버 디킨슨, 페터 야블론카, 수전 셔랫, 릭 A. 비슨, 에릭 반 동엔은 참고문헌 서지정보와 여러 논문의 PDF 자료를 정리해주었다. 조지 워싱턴 대학의 제자들은 지난 몇 년 동안 내가 강의에서 새로운 자료들을 소개할 때마다 진지하게 들어주었다. 끝으로 이 책을 쓰는 동안 늘 도와준 가족에게 다시 한 번 고마움을 표한다.

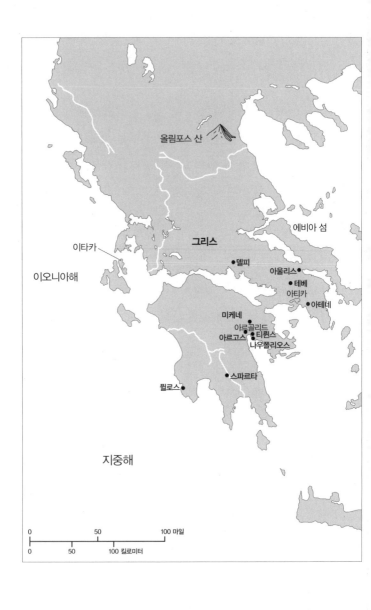

올림포스 산

에비아 섬

그리스

이타카

이오니아해

●델피

아울리스●

●테베

아티카

●아테네

미케네

아르골리드

아르고스●

●티륀스

나우플리오스

●스파르타

필로스●

지중해

0   50   100 마일
0   50   100 킬로미터

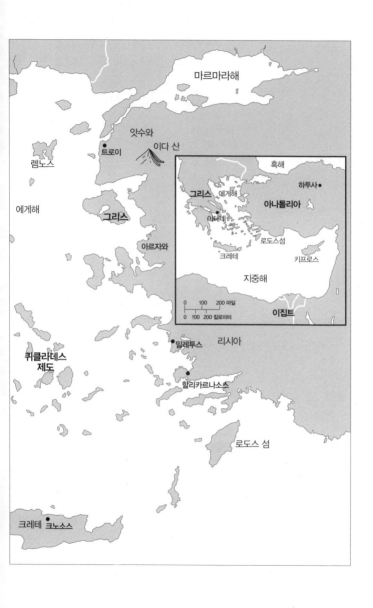

마르마라해

앗수와

이다 산

트로이

렘노스

에게해

그리스

아르자와

리시아

밀레투스

할리카르나소스

퀴클라데스
제도

로도스 섬

크레테 크노소스

흑해

그리스

에게해

아테네

아나톨리아

하투사

로도스섬

크레테

키프로스

지중해

이집트

0   100   200 마일

0   100   200 킬로미터

프롤로그

────────

아주 오래전 트로이 전쟁 전설의 단초가 된 전쟁이
정말 일어났을까? 그 전쟁의 전투들이 오늘날 우리가
트로이라고 부르는 지역에서 벌어졌을까? 고대 그리
스와 로마 사람들은 그런 전쟁이 실제로 일어났고, 그
전투들이 벌어진 곳은 현재 터키에 있는 아나톨리아
북서쪽이라고 생각했다. 이후 그들은 같은 장소를 무
대로 각각 헬레니즘적인 트로이, 로마적인 일리움을
그려냈다. 알렉산더 대왕은 아리스토텔레스가 주석을
붙인 『일리아드』를 베개 밑에 넣고 잤고, 기원전 334년
아시아 원정 중에는 트로이로 추정되는 곳을 방문하
기도 했다는 설이 있다.

그리스와 로마 시대 사람들은 트로이 전쟁이 실제로 일어났고 인류 역사에서 아주 중요한 역할을 했다고 믿었다. 기원전 5세기 역사가인 헤로도토스와 투키디데스는 자신들의 책 도입부에서 트로이 전쟁을 간략하게 다루었다. 하지만 후기 그리스-로마 학자들은 그 전쟁이 실제로 일어났다는 확신이 없었다. 헤로도토스를 위시해 여러 저자가 그 전쟁의 시기를 기원전 1334년부터 기원전 1135년까지 아주 다양하게 추정했는데, '알렉산더 대왕이 찾아오기 천 년 전'이라든지, '헤로도토스가 책을 쓰기 8백 년 전' 등 별로 신빙성 없는 사실에 근거한 연도였다. 그러다가 기원전 3세기 그리스의 지리학자 에라토스테네스가 제시한 기원전 1184년이 널리 받아들여졌는데, 이 역시 믿을 만한 근거는 없었다("첫 번째 올림픽 경기가 열리기 407년 전").

중세 및 초기 근대의 고전학자들은 트로이 전쟁의 역사성에 대해 더 회의적이었고, 그 역사적 중요성 역시 고대인들만큼 크다고 생각지 않았으며, 어떤 이들은 아예 완전히 허구라고 생각했다. 이른바 미케네 고고학의 아버지로 불리는 하인리히 슐리만이 1870년대에 트로이 전쟁이 일어났던 장소를 찾았다고 주장하고 나섰을 때 비로소 이 이야기가 역사적 사건에서 유

그림 2 부유한 하인리히 슐리만은 성공적인 사업가로 일하다가 은퇴 후에는 트로이를 찾고 발굴하는 데 여생을 바쳤다.

래했을 수 있다는 생각이 싹텄고, 많은 사람이 히살릭 (터키어로 '요새들이 있는 곳')에서 새로 발굴된 유적에 관심을 갖게 되었다. 그 이후 지금까지 트로이 전쟁에 대한 논의는 꾸준히 계속되고 있고, 학자들은 호메로스, 청

트로이 전쟁

동기 시대 그리스, 트로이, 트로이 전쟁 그 자체에 대한 문학적·고고학적 근거 등 몇 분야에 대해 주로 연구하고 있다(그림 2).

기원전 8세기 호메로스를 위시해 그 이후 그리스의 시인 및 학자 들이 그려낸 트로이 전쟁의 이야기는 지금까지 많은 사람의 마음을 사로잡은 몇 가지 주제를 담고 있다. 사랑과 전쟁, 경쟁과 탐욕, 영웅과 겁쟁이가 등장하는, 시대를 초월한 서사시인 트로이 전쟁의 기본 줄거리는 비교적 간단한 편이다. 몇 명의 주인공을 중심으로 이런저런 인물들이 등장하는데, 그 핵심이 되는 그리스 쪽 인물에는 미케네 그리스의 스파르타 왕 메넬라오스의 부인 헬레네, 메넬라오스와 형제인 미케네 왕 아가멤논, 테살리 출신으로 미케네 최고의 전사인 아킬레우스, 그리고 미케네 이타카 섬의 왕 오디세우스가 있다. 트로이 쪽 인물로는 트로이의 왕 프리엄의 아들 파리스, 프리엄 왕 자신, 그리고 파리스보다 나이 많은 헥토르 왕자 등이 있다.

트로이 전쟁의 이야기는 오랫동안 많은 이를 매료시켰고, 헤아릴 수 없이 많은 논문, 책, 고고학적 발굴, 장편 영화, TV 다큐멘터리, 연극, 회화와 조각, 기념품, 수집품을 탄생시켰다. 미국의 경우를 보면 33개 주에 트로이라는 이름을 가진 도시나 마을이 있고, 열 개의 대학이 있으며, 서던 캘리포니아 대학에는 트로이전스(Trojans)라는 이름을 가진 스포츠 팀들도 있다. 그중에서도 트로이의 목마 이야기는 특히 흥미진진하다. 그리스인들은 이 대담한 전략을 이용해 트로이 전쟁을 종식시켰고, "선물을 들고 오는 그리스인들을 조심하라"는 속담도 바로 여기서 나온 것이다. 요즘은 이 말이 '트로이의 목마를 심어 시스템을 교란시키는 해커'들을 가리키기도 한다.

그런데 호메로스의 이야기에는 신빙성이 있는 것일까? 아킬레우스부터 헥토르까지 이 이야기에 등장하는 영웅들은 너무도 그럴듯하게 그려져 있기에 그들의 이야기가 사실이라고 믿기 쉽다. 그런데 이 전설이 실제 일어난 사건에 바탕을 둔 것이고, 이 주인공들이 정말 존재했던 사람들일까? 아무리 절세미인이라 해도 여자 하나 때문에 그리스 전체가 전쟁에 나섰고, 무려 10년이나 싸웠다는 게 사실일까? 아가멤논이 그런 원정에 그렇게 많은 전사를 동원할 만한 힘을 지닌 왕이었을까? 그리고 트로이 전쟁이 실제로 일어난 사건이라고 믿더라도, 『서사시집』의 세부 사항들 및 주석 그리고 호메로스가 『일리아드』, 『오디세이아』에서 그린 어떤 개별적인 사건, 행동, 묘사가 역사적으로 정확하고 문자 그대로 받아들일 만한 것일까? 호메로스가 묘사한 사건이 실제로 일어났고, 그가 그린 방식으로 전개되었다는 게 가능할까?

그렇다면 트로이 전쟁 자체에 대해 몇 가지 근본적인 질문을 제기할 수 있다: 트로이 전쟁이 실제로 일어났다는 증거에는 어떤 것들이 있을까? 그 전쟁이 정말 있었다면, 언제 어디서 일어났을까? 전쟁이 일어난 원인은 무엇이고, 주요 인물은 누구였을까? 그 전쟁이 일어난 역사적 맥락은 무엇일까? 미케네인들과 트로이인들의 전설적인 행적을 그린 이 이야기는 정말 일말의 진실을 담고 있을까? 청동기 후기에 활동했던 중앙 아나톨리아 지역의 히타이트인들 같은 다른 집단들도 이 이야기와 관련이 있다고 보아야 할까?

트로이 전쟁은 3,000여 년 전에 일어난 사건이라고 하지만, 이런 의문들에 대한 호기심과 연구는 여전히 현재진행형이다. 그래서 트로이 전쟁의 이야기 자체는 단순하지만 그에 관한 책은 생각보다 훨씬 복잡할 수밖에 없다. 호메로스의 이야기를 재정리하는 작업은 그야말로 빙산의 일각에 불과하기 때문에 이 책은 필연적으로 세부 사항을 검토하는 데 많은 정성을 기울일 것이고, 내용 또한 복잡할 것이다. 그리스와 히타이트의 자료들을 보면 트로이 전쟁은 한 번만 일어난 게 아니기 때문에, 호메로스가 정말 그 사건을 그렸는지, 그렇다면 그중 어떤 전쟁을 다루었는지 결정해야 한다. (고대 트로이인) 히살릭에는 아홉 개의 도시가 층층이 쌓여 있기 때문에 프리엄 왕의 트로이가 이 곳인지, 그렇다면 그중 어느 층이 맞는지 결정해야 한다. 하지만 그 문제들을 검토하기 전에, 먼저 이야기 자체를 살펴보면서 그리스인들이 트로이 전쟁을 어떻게 그려냈는지 확인할 필요가 있다.

차례

제1부

트로이
전쟁

제1장

『일리아드』,『오디세이아』,『서사시집』에 나오는 이야기

———

고등학교나 대학교 수업에서 『일리아드*Iliad*』나 『오디세이아*Odyssey*』를 배운 학생들, 최근에 나온 여러 번역을 통해 이 이야기를 읽었거나 할리우드 영화 〈트로이*Troy*〉를 본 이들은 특히 트로이 전쟁에 대해 잘 알 것이다. 그런데 놀랍게도, 그렇게 긴 데도 불구하고 『일리아드』와 『오디세이아』 모두 우리가 잘 아는 여러 사건을 별로 중요하게 다루고 있지 않다. 예컨대 고대 터키의 한 언덕에서 양편이 최후의 결전을 치르는 장면, 속이 빈 목마를 이용해 트로이를 함락시키는 사건, 오디세우스와 별개로 그리스의 영웅들이 바다를 건너 고국으로 돌아가는 과정 등을 호메로스는 별로 자세히 그리지 않았다. 예를 들어 트로이의 목마는 『오디세이아』 제4장에서 메넬라오스가 자신의 여행과 고난을 얘기하는 장면에서 딱 한 번 언급될 뿐이고, 『일리아드』에는 아예 나오지도 않는다.

트로이 전쟁과 그 여파에 대해 더 자세히 알아보려면 호메로스와 비슷한 시기인 기원전 8세기에서 기원전 6세기 사이에 쓰인 이른바 『서사시집*Epic Cycle*』을 읽어야 한다. 『서사시집』이라고 불리는 이 12편의 서사시 중 전체가 온전히 남아 있는 것은 『일리아드』와 『오디세이아』뿐이다. 나머지 10편은 망실되었거나, 다른 작가들의 작품에 인용 또는 요약된 형태로 일부만 남아 있다. 이 단편들을 한데 모은 것은 자칭 프로클루스(Proclus)라는 사람인데, 문법학자이면서 2세기의 로마 황제 마르쿠스 아우렐리우스의 가정교사였던 유티키우스(Eutychius) 프로클루스나, 그로부터 300년 후인 5세기에 활동한 플라톤 학자('신플라톤주의자*Neoplatonist*')인 프로클루스로 추정되고 있다.

어쨌든 이 두 프로클루스 중 한 사람이 『서사시집』의 요약 및 인용문을 모아 『크리스토마테이아 그라마티키*Chrestomatheia Grammatiki*』라는 책으로 펴냈다. 이 제목은 그리스어로 '학습에 유용한'이라는 뜻이고, 이 단어에서 오늘날의 '선집(chrestomathy)'이라는 말이 탄생했다. '선집'은 '한 사람 또는 여러 사람의 작품에서 골라 만든 명문집'이라는 뜻이다. 프로클루스는 이처럼 『서사시집』에서 나온 구절들을 모아 한때 별개의 서사시였던 작품들에서 하나의 완전한 이야기를 만들어낸 것 같다.

　『서사시집』의 어떤 단편들은 호메로스가 아주 간단하게 묘사한 사건들을 더 자세히 그리고 있다. 그래서 그것들을 한데 모아보면 트로이 전쟁의 기원, 그리스인들이 트로이 정복에 나섰다가 실패한 첫 공격, 트로이의 목마의 자세한 모습을 알 수 있다. 기원전 5세기 고대 그리스의 극작가들이 다룬 이야기에 베르길리우스, 오비디우스, 리비우스, 퀸투스 스뮈르나에우스(Quintus Smyrnaeus) 등 훨씬 후대 작가들의 다른 버전과 확장, 계승된 버전은 더 많은 세부 사항을 추가하고 보완함으로써 오늘날 우리가 알고 있는 내용의 이야기를 만들어냈다. 그러다 보니 자연히 후대에 만들어진 버전들은 원래 이야기와 내용이 다른 경우도 있다. 예컨대 트로이 전쟁 당시 헬레네의 소재에 대해 버전마다 주장하는 바가 다르다.

　　　　　　　　　　　제1부　트로이 전쟁

『키프리아』

『서사시집』의 첫 작품은 『키프리아Cypria』로, 원래 11장으로 되어 있고, 트로이 전쟁을 초래한 사건들과 전쟁의 첫 9년을 다루고 있다. 지금은 아주 길지만 유용한 요약본만 남아 있다. 프로클루스에 의하면 이 시의 원작자는 호메로스가 아니라 살라미스 출신으로 추정되는 헤게시아스(Hegesias), 또는 키프로스 출신의 스타시누스(Stasinus)라고 한다. 또 다른 주장에 의하면 이 시는 터키 서해안에 위치한 할리카르나소스 출신의 키프리아스가 썼고, 제목도 그의 이름에서 나왔다고 한다. 이 세 작가는 모두 6세기경에 활동했던 것으로 추정된다.

『키프리아』의 도입부에 보면, 제우스가―이유는 나와 있지 않지만― 트로이 전쟁을 일으키기 위해 뛰어난 전사이자 아이기나(Aegina) 섬의 왕자인 펠레우스와 바다의 요정 테티스의 결혼식에 불화의 여신 에리스를 초대한다. 이 둘의 아들이 바로 나중에 태어날 영웅 아킬레우스이다.

둘의 결혼식장에서 에리스는 누가 가장 아름다운지 물음으로써 헤라(제우스의 부인)와 아테나(지혜와 전쟁의 여신), 아프로디테(미와 사랑의 여신) 간에 싸움을 붙인다. 후대에 나온 다른 작품들을 보면 에리스가 하객들 한가운데로 '가장 아름다운 이에게'라고 쓰인 황금사과를 던짐으로써 의도적으로 싸움을 일으켰다고 되어 있다. 세 여신은 각자 그 사과가 자기 것이라고 생각했기 때문에 누군가 다른 사람의 판정이 필요했다. 제우스는 신들의 사자 헤르메스에게 그들을 오늘날의 터키 서부(고대의 아나톨리아)에 있는 이다 산으로 데리고 가라고 했고, 거기서 여신들은 한 젊은이를 만난다.

『키프리아』에는 이 젊은이의 이름이 알렉산더로 되어 있다. 현존하는 이 시의 가장 오래된 버전에 나중에 누군가 붙인 주석에 의하면, 『서사시집』 중 이 작품에 처음 등장하는 이 알렉산더는 파리스에 해당하는 인물이라고 한다. 호메로스와 초기 그리스 작가들은 이 청년을 알렉산더라고 부르는 경우가 더 많은데, 오늘날의 독자에게는 파리스라는 이름이 더 친숙하다. 이는 아마도 나중에 등장한 알렉산더 대왕과의 혼동을 피하기 위한 노력 때문일 것이다. 대왕은 호메로스가 활동한 시기보다 훨씬 나중에 태어났다. 『키프리아』의 작가가 '인간 중에 가장 아름다운' 이로 묘사한 알렉산더/파리스는 누가 제일 아름다운지 판가름해 달라는 여신들의 청을 받아들인다. 루벤스가 그린 〈파

제1부 트로이 전쟁

리스의 심판〉은 이다 산에서 일어났다는 이 사건을 멋지게 보여주고 있다.

알렉산더/파리스는 트로이의 왕인 프리엄의 아들이었지만 갓난아기 때 왕궁에서 쫓겨난 처지였다. 어느 날 프리엄 왕이 꿈을 꾸었는데, 헤큐바 왕비가 아들이 아니라 불타는 뱀들로 이루어진 횃불을 낳았다. 이 횃불에서 튄 불꽃이 트로이 주변의 풀숲에 불을 붙이고, 이 불로 트로이 전체가 전소되는 꿈이었다. 왕은 해몽가들을 불렀고, 그들은 앞으로 태어날 왕자가 왕과 왕국에 큰 화를 부를 거라면서, 그 예언이 실현되지 않게 하려면 아기를 숲에 버려 죽이는 게 좋겠다고 했다. 왕은 새로 태어난 아기를 양치기에게 주며 이다 산에 버려 죽이라고 했다. 그런데 어떤 곰이 아기를 발견해 젖 먹여 길렀고, 양치기가 나중에 돌아와 보니 아기는 여전히 살아 있었다. 양치기는 아기를 집에 데려다가 자기 아들로 길렀다.

세 여신 중 가장 아름다운 이를 뽑는 중차대한 판단을 내릴 때, 알렉산더/파리스는 자신이 왕자라는 사실을 모르는 상태였다. 그는 나중에 트로이에 가서야 자신의 정체를 발견하고 부모형제와 재결합하게 된다. 청년이 두 가지 이름을 갖고 있는 이유가 이 때문일 수도 있다. 하나는 태어났을 때 부모가 지어주었고 나중에 궁에 돌아가서 되찾은 이름, 다른 하나는 양치기 아버지가 지어준 이름일 수 있다는 것이다. 그의 이름이 두 가지인 데는 그 밖에도 여러 이유가 있을 수 있다. 하나는 트로이인들이 부른 이름, 다른 하나는 그리스인들이 부른 이름일 수도 있고, 원래 다른 곳에서 생긴 두 개의 신화나 전설이 하나로 합해지면서 일어난 일일 수도 있다. 그중 한 전설의 주인공이 파리스, 다른 전설의 주인공이 알렉산더일 수 있다는 것이다.

이 중 마지막 가설, 즉 비슷한 이야기들이 합쳐졌다는 설이 가장 유력하다. 『서사시집』에는 이름이 두 가지 혹은 세 가지인 경우가 흔하기 때문이다. 알렉산더/파리스 이외에도, 트로이 옆에 있는 강 이름도 두 가지(스카만드로스*Skamandros*와 크산토스*Xantos*), 미케네인들의 이름이 세 가지(아케아인들*Achaeans*, 다나에인들*Danaans*, 아르고스인들*Argives*) 등이 그런 경우다. 이 왕자의 경우에는 특히 두 이름 모두 자주 쓰이고 있는데, 예컨대 『일리아드』 제3장(章)에서는 알렉산더(Ἀλέξανδρος)와 파리스(Πάριος) 둘 다 사용되고 있다(제16행, 30과 325행, 437행을 비교해 볼 것). 『일리아드』의 경우, 그는 7장(章)에서 알렉산더, 5장에서 파리스라 불리고 있고, 『서사시집』에서는 두 이름 모두 쓰이고 있다.

트로이의 이름 역시 두 개가 사용되고 있다. 호메로스와 다른 작가들 모두 그 시민들을 트로이인들이라고 지칭했지만, 『서사시집』을 보면 그들이 살았던 도시는 트로이(Τρόιη)로 한 번, 일리오스(Ἰλιόυ)로 6번 불리고 있다. 호메로스 역시 두 이름을 동의어처럼 사용하고 있다. 예컨대 『일리아드』에서 그는 제1장에서 이미 그 도시에 대해 일리오스와 트로이 등 두 이름을 사용하고 있다(제71행, 129행 참조). 학자들은 오래전부터 일리오스라는 이름의 첫 글자가 원래 그리스어의 디가마(digamma)로 쓰였다는 것을 알고 있었다. 이는 즉 이 이름이 철자와 발음 모두 '더블유(W)'로 시작된다는 뜻이었고, 그래서 그냥 '일리오스(Ilios)'가 아니라 '(위)일리오스([W]ilios)'였음을 보여준다.

어쨌든 파리스의 출생과 유배에 대한 이 놀라운 이야기는 이른바 '탄생 설화(foundation myth)'로 불리는데, 고대에 예기치 않게 국가의 왕이나 지도자가 된 이들의 등장을 다룬 이야기를 그렇게 부른다. 고대의 전설과 역사에서 대표적인 예를 들면 기원전 23세기 메소포타미아 아카드(Akkad) 왕국의 사르곤 대제, 기원전 13세기 이집트의 모세, 기원전 8세기 이태리의 로물

루스와 레무스, 그리고 특히 기원전 6세기 페르시아의 키루스(Cyrus) 대왕 등이 있다. 이들의 이야기는 어느 정도 알렉산더/파리스의 이야기와 비슷하다.

『키프리아』와 다른 고대 그리스 신화, 자료들을 보면, 알렉산더/파리스는 셋 중에서 (다른 글들에) 세상에서 가장 예쁜 여성으로 그려진 헬레네의 사랑을 얻고 그녀와 결혼하게 해주겠다는 제안을 한 아프로디테를 가장 아름다운 여신으로 선택한다. 아테나 여신이 제안한 지혜나 헤라 여신이 제안한 부와 권력은 아름다운 헬레네와의 결혼에 비하면 그다지 매력적이지 않았던 것이다.

『키프리아』의 다음 부분은 알렉산더/파리스가 가족과 다시 만나 트로이로 돌아가는 부분은 건너뛰고 곧바로 에게해를 건너 그리스 본토로 가는 시점을 다루고 있다. 그리스에 도착한 왕자는 미케네 스파르타의 왕 메넬라오스와 그의 아름다운 아내 헬레네의 환대를 받는다.

메넬라오스 왕은 알렉산더/파리스가 도착한 지 얼마 안 되어 크레테로 떠난 걸 보면 원래 사람을 잘 믿는 성격이거나 바보였던 것 같다. 그런데 다른 나라의 왕자 일행이 손님으로 와 있는데 왜 여행을 떠났는지,

왜 왕비를 두고 갔는지, 『키프리아』에는 그 이유가 나와 있지 않다. 요약본에는 그저―아주 점잖게― 메넬라오스가 떠난 후 "아프로디테 여신이 헬레네와 알렉산드루스[알렉산더/파리스]를 결합시켰고, 그 후 두 사람은 배에 보물을 가득 싣고 밤에 항구를 떠났다"고 되어 있다. 물론 그리스인들은 헬레네가 납치당했다고 했고, 트로이인들은 본인이 원해서 따라나섰다고 했다. 어쨌든 메넬라오스는 불륜 혐의로 둘을 고소할 수 있었다. 아니면 그리스인들을 모아 트로이로 쳐들어가 아내를 찾아오는 방법이 있었다.

헬레네는 전에도 '납치'당한 적이 있었던 것 같다. 서기 300년경에 활동한 나우크라티스(Naucratis)의 아테나에우스(Athenaeus)라는 작가에 의하면 그녀는 어린 시절에 테세우스에게 끌려간 적이 있었다고 한다. 테세우스는 크레테 섬에서 (반인반수의 괴물) 미노타우로스를 처치한 후 아리아드네를 데리고 도망쳤던 것으로 더 유명한 그 영웅이다.

『키프리아』에 의하면 흥미롭게도 알렉산더/파리스와 헬레네는 곧바로 트로이에 간 게 아니라, 미의 경연에서 진 것 때문에 아직도 화가 나 있던 헤라 여신이 일으킨 폭풍우 때문에 현재 레바논에 해당하는 시돈

에 가게 되었다. 그런데 알렉산더/파리스는 그냥 배에
서 내린 게 아니라 헬레네와의 애정 행각을 잠시 중단
하고 그 도시를 공격해 함락시켰다. 그런 다음 두 연인
은 다시 배를 몰아 트로이로 돌아갔다. 호메로스 역시
『일리아드』에서 이들이 트로이로 가는 길에 시돈에 들
렀다고 얘기하고 있다:

> 그곳에는 대대로 위대한 조상들을 둔 헬레네를 트로
> 이로 데려올 때, 신처럼 아름다운 알렉산드로스 본인이
> 드넓은 바다를 건너 시돈에서 가져온, 그 나라 여인들
> 이 만든 아주 정교한 예복이 있었다.
>
> (『일리아드』 제6장 289~292행)[프리엄의 왕비 헤큐바가 궁
> 전 지하 보물창고에 내려가 이 예복을 내어다 아테네 여신의 신
> 전에 바치며 그리스군의 디오메데스가 죽게 해달라고 기원하는
> 장면-역주]

어쨌든 『키프리아』의 저자는 왕자가 시돈을 공격했
다고만 말했을 뿐, 더 이상의 설명은 하고 있지 않다.
기원전 5세기의 그리스 역사가 헤로도토스는 『키프리
아』에 나온 시돈 공격을 언급하고, 위에 나온 구절을
인용하면서 호메로스 역시 그 사건에 대해 알고 있었

다고 말한 바 있다. 하지만 호메로스에는 왕자가 시돈을 공격했음을 시사하는 부분이 없기 때문에 헤로도토스의 이 말은 신빙성이 없다. 그렇지만 그는 이 이야기의 다른 버전을 길게 소개하고 있다. 그 버전에서 알렉산더/파리스와 헬레네는 폭풍우 때문에 길을 잃고 레바논이 아니라 이집트에 도착한다(『역사*Histories*』제2권 113~118쪽). 이 부분에서 줄거리가 좀 모호해진다. 그리스의 극작가 에우리피데스(Euripides)도 비슷한 이야기를 하고 있기 때문이다. 기원전 412년에 공연된 〈헬레네〉에서 그는 진짜 헬레네는 헤라 여신에 의해 이집트로 보내져 10년을 거기서 보내고, 대신 가짜 헬레네가 알렉산더/파리스를 따라 트로이에 간 것으로 그리고 있다.

『키프리아』에 따르면, 아내가 납치당했다는 소식을 들은 메넬라오스는 고국으로 돌아와 미케네의 왕인 아가멤논과 같이 원정을 통해 헬레네를 되찾아올 계획을 세운다. 그런 다음 그리스 본토를 돌며 필로스(Pylos)의 왕 네스토르(Nestor), 오디세우스 등을 규합한다. 오디세우스는 처음에는 미친 척하며 거절하다가 나중에야 마지못해 이 원정에 동참하기로 한다. 요약본에는 다른 참가자들의 이름이 나와 있지 않지만, 『일리아드』제

2권에 나오는 이른바 '배들의 목록'(494~759행)을 보면 다른 지도자나 용사들의 이름이 망라되어 있다. 호메로스는 그 부분에서 미케네의 여러 왕과 그들이 데리고 온 군사들을 소개하고 있다. 크리스토퍼 말로우는 『포스터스 박사Doctor Faustus』의 헬레네를 소개하는 부분에서 그 숫자를 이렇게 요약하고 있다:

> 천 척의 배를 출항시키고
> 일리움의 까마득한 탑들을 무너뜨린 것이 바로 그대였던가?
> 아름다운 헬레네, 그대의 입맞춤으로 나를 불멸의 존재로 만들어주오.

『키프리아』에 보면 미케네인들의 배와 용사들은 그리스 본토에 있는 보에티아(Boeotia) 동해안의 항구 도시 아울리스(Aulis)에 모여 신들에게 제사를 올리고 트로이를 향해 출발한다. 그런데 전쟁에 늘 따라다니는 뜻밖의 불운으로 트로이가 아니라 그 남쪽에 있는 튜트라니아(Teuthrania)에 도착한다. 그리스군은 아나톨리아 본토에 있는 이 도시를 트로이로 착각하고 공격해 무너뜨린다. 그런데 트로이를 공격해 이 실수를 만회하기도 전에 폭풍우가 몰아쳐 배들이 사방으로 흩어진다. 그리스군은―얼마 후인지 정확한 시간은 나와 있지 않지만― 나중에 다시 아울리스에 모인다. 이『서사시집』단편들을 연구하는 독일 학자들의 흥미로운 주장에 따르면 그것이 9년 후일 수도 있다. 트로이 전쟁이 10년이나 걸린 이유가 어쩌면 그 때문일 수도 있다. 『일리아드』는 10년째 되던 해의 일부만 다루고 있다.

그런데 그리스군이 아울리스에서 두 번째 출항을 기다리던 중에 후대 그리스 극작가들이 묘사한 비극적인 일들이 벌어진다. 아르테미스 여신이 알 수 없는 이유로 바람을 일으켜 배들의 출항을 막자, 점점 초조해진 아가멤논은 오늘날의 시각으로 보면 극단적인 조치를 취한다. 자신의 딸 이피게니아를 제물로 바쳐 여신을 달래기로 한 것이다. 하지만『키프리아』는 (창세기 22장에서 하나님이 아브라함이 제물로 바친 이삭을 데려가시고 양을 제단에 두신 것처럼) 아르테미스 여신이 최후의 순간에 소녀를 데려가고 대신 수사슴을 제단에 올려놓았다고 함으로써 이 사건의 충격을 완화시키고 있다. 기원전 41년경에 공연된 에우리피데스의〈아울리스의 이피게니아〉역시 소녀 대신 사슴이 희생된 것으로 묘사하고 있다. 하지만 그보다 약간 이른 기원전 5세기 그리스 극작가 아이스킬로스(Aeschylus)는 458년에 공연된 〈아가멤논〉에서 이피게니아가 정말 희생된 것으로 그리고 있다.

어쨌든 그리스 연합군은 아울리스에서 출발해 먼저 테네도스(Tenedos) 섬으로 항해했고, 렘노스(Lemnos) 섬을 거쳐 마침내 아나톨리아 해안에 있는 트로이에 도착한다. 이번에는 정말 트로이를 공격하지만, 적군의 반격에 밀려 퇴각한다. 『키프리아』는 이 사건과 거기 등장하는 인물들을 간략하게 그리고 있는데, 원문 전체를 읽어볼 만한 가치가 있다:

그리스군은 일리움에 상륙하려 했지만 트로이군이 이를 막았고, 그 과정에서 프로테실라우스(Protesilaus)가 헥토르에게 살해당했다. 아킬레우스가 포세이돈의 아들인 퀴크노스(Cygnus)를 죽이고 트로이군을 퇴각시켰다. 그리스군은 전사자들의 시신을 수습하고 트로이에 사신을 보내 헬레네와 보물을 내놓으라고 요구했다. 트로이가 이 요구를 거절하자 그들은 도시를 공격하고, 인근의 도시와 마을들을 파괴했다. 이때 아킬레우스가 헬레네를 만나고 싶어 하자 아프로디테 여신과 테티스가 이를 주선했다. 그 후 아케아인들은 고국으로 돌아가려 하지만 아킬레우스가 이를 만류하고 아이네이아

제1부 트로이 전쟁

스(Aeneas)의 양떼들을 몰아내고, 뤼르네수스(Lyrnessus) 와 페다수스(Pedasus) 등 주변의 여러 도시를 약탈하고, 트로일루스(Troilus)를 살해했다. 파트로클로스(Patroclus) 는 뤼카온(Lycaon)을 잡아다 렘노스에 노예로 팔아넘겼고, 아킬레우스는 전리품 중 브리세이스(Briseis)를 상으로 받고, 아가멤논은 크리세이스(Chryseis)를 차지했다. 그다음에는 팔라메데스(Palamedes)의 죽음, 아킬레우스를 그리스 연합군에서 탈퇴시킴으로써 트로이를 도우려는 제우스 신의 계획, 트로이군의 용사들 명단 등이 이어진다.

『키프리아』의 요약본은 여기서 끝난다. 이 부분은 호메로스의 『일리아드』의 제1장은 물론, 전리품 때문에 벌어지는 그리스의 영웅 아킬레우스와 아가멤논 왕의 다툼 등을 예고하고 있다. 『서사시집』을 이루고 있는 일련의 시와 『일리아드』가 여기서 이어진다.

『일리아드』

『일리아드』는 전쟁의 마지막 해에 벌어지는 이런저런 사건을 그리고 있지만, 트로이가 실제로 함락되고 약탈당하기 직전에 끝을 맺는다. 제1장에 나와 있는 아킬레우스와 아가멤논의 다툼이 이야기 전체의 배경을 이룬다. 아가멤논이 차지한 전리품 중 하나인 크리세이스(아폴로 신전의 사제의 딸)를 아버지에게 돌려보내야 한다는 판결이 나오자, 그는 아킬레우스가 그 전의 전투에서 이기고 받은 전리품인 브리세이스를 데려간다. 그러자 아킬레우스는 아가멤논이 그녀를 돌려주고 사과하지 않는 한 절대로 전투에 참가하지 않겠다고 맹세한다. 아가멤논은 이를 거부하고, 최고의 전사인 아킬레우스가 빠진 그리스군은 형편없이 패배하고 만다.

『일리아드』는 트로이 전쟁 10년 중 겨우 50일 정도를 다루고 있다. 이 기간에 대한 『일리아드』의 묘사는 멋지고 상세하지만 기복이 있다. 예컨대 제1장은 약 20일을 다루는 데 비해 제2~7장은 딱 이틀 동안 일어난 사건들을 아주 자세히 다루고 있다. 제2장에는 이른바 '배들의 목록' 부분, 즉 그리스군에 대한 묘사와 그보다는 덜 자세하지만 트로이군에 대해 비슷한 묘사가 나와 있다. 제3장에서는 알렉산더/파리스와 메넬라오스가 일 대 일 결투를 벌이는데, 두 사람은 이 싸움에서 이기는 쪽이 헬레네를 차지하고, 전쟁 또한 거기서 끝내기로 합의한다. 하지만 마지막 순간에 아프로디테 여신이 알렉산더/파리스를 구해내는 바람에 전쟁은 계속될 수밖에 없다. 본문을 보면 메넬라오스가 왕자의 헬멧에 달린 턱 끈을 잡고 그를 결투장에서 끌어내는데, 여신이 그 끈을 끊어지게 함으로써 왕자를 살리고 전쟁이 계속되도록 한다. 제4~7장에는 올림푸스의 신들 사이에서 벌어지는 이런저런 사건과, 트로이에서 벌어지는 여러 전투에 대한 묘사가 나와 있다.

제8~10장은 길지만 결말이 나지 않는 알렉산더/파리스의 형인 헥토르와 나중에 스스로의 목숨을 끊는 그리스의 거인 아익스(Ajax)가 벌이는 결투 등 단 하루 동안에 벌어지는 일들을 다루고 있다. 총 24장으로 이루어진 『일리아드』의 3분의 1에 해당하는 여덟 장인 제11~18장 역시 단 하루 동안에 일어난 싸움을 아주 자세히 그리고 있다. 그 이유 중 하나가 바로 아킬레우스의 친구 파트로클로스가 제16장에서 살해된다는 것이다. 이날 파트로클로스는 종일 아킬레우스의 갑옷을 입고 싸웠는데, 그 때문에 다들 그를 아킬레우스로 착각했고, 결국 헥토르가 그를 죽이고 만다. 제17장은 헥토르가 아킬레우스의 갑옷을 벗긴 후, 파트로클로스의 시신을 둘러싸고 벌어지는 전투를 다루고 있다.

제19~22장은 또 다른 하루를 그리고 있다. 제20장을 보면, 전쟁터로 돌아온 아킬레우스는 열심히 싸우고 있고, 신들도 편을 갈라 다투고 있으며, 포세이돈이 트로이군을 돕기 위해 지진을 일으킨 상태다. 제22장에서는 아킬레우스가 헥토르를 죽인 다음 그의 시신을 그리스 진영으로 끌고 간다.『일리아드』의 마지막 부분인 제23~24장은 그다음 22일 동안을 다루고 있는데, 제1장에 나오는 20일과 대비를 이루게 하려고 그렇게 배치했을 수도 있다. 제23장에서 그리스군은 거대한 장작더미를 쌓아올려 파트로클로스의 시신을 화장한 다음 다양한 장례 경기를 진행한다. 마지막 부분인 제24장은 친구를 잃은 아킬레우스의 분노와 슬픔을 그리고 있다. 이런저런 우려에도 불구하고 그는 결국 프리엄 왕에게 헥토르의 시체를 돌려주고, 트로이 측은 12일 간의 휴전 기간 동안 장작더미를 쌓고 그의 시신을 화장한다. 이것이『일리아드』의 마지막 장면이다.

그 후에 일어난 사건들은 단편적으로 남아 있는 다른 서사시에서 다루어졌다.『아이티오피스*Aethiopis*』,『소(小) 일리아드』,『트로이의 멸망*Iliupersis*』등은 기원전

8~7세기에 쓰인 것으로 생각되고 있다. 그보다 훨씬 뒤인 4세기의 서사시인 퀸투스 스뮈르나에우스 역시 14장으로 이루어진 『트로이의 함락 _Posthomerica_』에서 『일리아드』의 끝 장면부터 트로이의 멸망 사이에 벌어지는 사건들을 다루고 있다. 현대 학자들은 대부분 퀸투스가 그 이전의 서사시들을 참고로 이 작품을 썼을 것으로 추정하고 있다.

『아이티오피스』

호메로스와 비슷한 시기인 기원전 8세기에 활동한 것으로 추정되는 (아나톨리아/소아시아/터키의 서해안에 위치한) 밀레투스의 시인 아르크티누스(Arctinus)가 쓴 『아이티오피스』는 5장으로 이루어져 있다. 이 작품은 아킬레우스가 먼저 아마존의 여왕 펜테실레이아(Penthesileia)를 죽인 다음, 프리엄 왕의 전임자인 트로이의 라오메돈(Laomedon) 왕의 손자이자 프리엄 왕의 조카인 에티오피아의 멤논(Memnon) 왕자를 죽이는 사건을 다루고 있다. 이들은 트로이를 돕기 위해 군대를 이끌고 온 전사들이었다.

다음에는 알렉산더/파리스가 아폴로의 도움으로 아

킬레우스를 죽이는 사건이 묘사돼 있다. 이 서사시는 짧은 요약본의 형태로만 남아 있기 때문에 아킬레우스의 죽음이 자세히 묘사돼 있지 않지만, 오비디우스의 『변신 이야기*Metamorphoses*』(제12장 580~619행) 같은 후대 작가들의 작품을 보면 그의 몸에서 유일하게 약한 부분인 발뒤꿈치에 화살을 맞아서 죽은 것으로 되어 있다. 아킬레우스가 어렸을 때 어머니 테티스가 그를 다치지 않는 존재로 만들기 위해 스튁스(Styx) 강에 몸을 담갔는데, 그때 그녀가 쥐고 있던 발꿈치 부분에 강물이 묻지 않아서 생긴 일이었다. 전투를 통해 그의 시신을 차지한 그리스군은 장작더미를 쌓고 화장한 다음 그를 기리는 장례 경기를 벌인다. 이때, 그의 갑옷을 차지하기 위해 오디세우스와 아익스가 언쟁을 벌이는데, 옥의 티 같은 이 언쟁은 이 시리즈의 다음 작품인 『소 일리아드』에 가서야 결말이 난다.

『소 일리아드』

프로클루스에 의하면 4장으로 이루어진 『소 일리아드』는 기원전 7세기경 미틸렌(Mytilene, 레스보스에 있는 도시)에서 활동한 레스케스(Lesches)의 작품이다. 이 시의 도입부에서는 아익스를 이긴 오디세우스가 아킬레우스의 갑옷과 무기를 차지한다. 싸움에서 진 아익스는 스스로 목숨을 끊는데, 기원전 5세기의 소포클레스는 한 희곡에서 이 사건을 다루고 있다. 그 뒤 더 많은 전투와 죽음이 그려지는데, 그중 가장 중요한 것은 알렉산더/파리스의 죽음이다. 그를 죽인 것은 필록테테스(Philoctetes)라는 사람인데, 소포클레스, 아이스퀼로스, 에우리피데스 모두 그를 다룬 희곡을 썼다. 알렉산더/파리스가 죽은 후, 아테나 여신의 지시에 따라 에페이우스(Epeius)라는 사람이 목마를 제작한다. 『서사시집』중 최초로 목마를 다루고 있는 것이 바로 이 작품이다.

『소 일리아드』는 목마를 고안한 것이 에페이우스임을 시사한다("아테나 여신의 지시에 따라 에페이우스가 목마를 만든다"). 『일리아드』역시 같은 견해를 반영하고 있다 (8장 492~494행; 11장 523~535행): "자, 이제 다음 이야기로 넘어가서, 에페이우스가 아테나 여신의 도움으로 만든 목마를 오디세우스가 적군을 속이기 위해 성채 쪽으로 끌고 간 이야기를 들려주오." 그런데 그보다 훨씬 나중에 퀸투스 스뮈르나에우스는 목마를 고안한 것은 오디세우스고, 에페이우스는 그저 만들기만 했다고 주장했다:

라에르테스의 아들(오디세우스)만이

묘안을 갖고 있었고,

그는 이렇게 대답했다:

"하늘의 신들이 참으로 아끼시는 친구여,

용감한 아케아인들이 술수를 써서

프리엄의 도시를 함락시켜야 한다면,

장수들을 숨길 목마를 만들어야 합니다.

그럼 우리가 숨어 있다가 그들을 맞아들이겠소."

(퀸투스 스뮈르나에우스, 『트로이의 함락』, 제7장 23~29행)

  그다음 이야기는 『소 일리아드』에 간략히 소개되어
있다. "제일 용감한 장수들을 목마에 숨기고, 천막들
을 불태운 다음, 헬레네군의 주력 부대는 (해변에서 아주
가까운) 테네도스 섬으로 물러났다. 전쟁이 끝난 걸로
착각한 트로이 사람들은 성벽 일부를 부수고 목마를
성안으로 끌고 간 다음 헬레네인들을 물리친 것을 자
축하는 잔치를 벌였다." 퀸투스 스뮈르나에우스(제7장
314~335행) 등 후대 그리스 작가들은 목마 안에 들어가
있던 용사들의 수를 30명이라고 하고(어떤 경우는 40명으
로 올려 잡기도 하지만), 그들을 이끈 오디세우스를 비롯해
소(小) 아익스, 디오메데스, 메넬라오스 자신 등 그들

의 이름을 나열하기도 한다. 하지만 『소 일리아드』에 나와 있는 요약은 짧고, 용사들의 이름도 나와 있지 않다. 그다음 이야기는 『트로이의 멸망』에서 다루어지고 있다.

『트로이의 멸망』

단 두 장으로 이루어져 있지만 다채로운 사건들을 다루고 트로이 전쟁 전체의 결말을 보여주는 이 작품의 저자는 『아이티오피스』를 쓴 밀레투스의 아르크티누스다. 이 시에서 트로이인들은 목마를 성안으로 들여놓기는 했지만 어딘지 모르게 미덥지 않아서 어떻게 할지 대책을 논의한다. 그 결과 목마를 아테나 여신에게 바치기로 결정하고, "전쟁이 끝난 것을 축하하는 잔치를 벌인다." 하지만 몇 사람은 목마에 대한 의구심을 버리지 못한다. 로마 시인 베르길리우스의 『아이네이스*Aeneid*』 제2장에서 포세이돈 신전의 사제 라오쿤은 시민들에게 이렇게 경고한다. "여러분, 이 목마를 믿지 마시오. 그 정체는 알 수 없지만, 선물을 갖고 오더라도 나는 그리스인들이 두렵소(Equo ne credite, Teucri. Quidquid ed este, timeo Danaos et dona ferentes)." 영어의 "선물을 가져오는 그리스인들을 경계하시오"라는 숙어나, 현대 기술의 흑사병에 해당하는 컴퓨터 바이러스, 특히 그중에서도 '뒷문(back door)' 프로그램을 이용해 해커들을 몰래 받아들이는 바이러스의 이름 '트로이의 목마'는 바로 이 일화에서 유래했다.

라오쿤의 예언은 적중했다. 『트로이의 멸망』의 다음 부분에는 그리스군이 야음을 틈타 테네도스 섬에서 돌아오고, 목마 안에 있던 용사들이 "나와서 적들을 공격해 수많은 사람들을 죽이고 성을 함락시켰다"라고 되어 있기 때문이다. 프리엄 왕은 제우스신의 제단에서 살해되고, 헥토르의 어린 아들 아스티아낙스는 성벽에서 내던져졌다.

그리스군의 승리로 아내 헬레네를 되찾은 메넬라오스는 그녀와 함께 조국으로 돌아가기 위해 배에 올랐다. 더 많은 살상과, 여인들을 포함한 전리품의 분배 이후 트로이 전쟁에서 이긴 그리스군은 아테나 여신이 자기들을 죽이려 한다는 생각은 꿈에도 못한 채 각자 귀향길에 오른다. 목마와 트로이의 정복을 다룬 『트로이의 멸망』은 여기서 끝난다. 또 다른 서사시 『귀환Nostoi』은 이 전쟁의 결과를 다루고 있다.

『귀환』

　프로클루스에 의하면 『귀환』의 5장은 트로이젠(Troezen) 출신의 아기아스(Agias)가 썼다고 한다. 다른 자료들을 보면 아기아스는 기원전 7~6세기에 활동한 시인이라고 한다. 그리스 본토에 위치한 작은 도시 트로이젠은 전설적인 영웅 테세우스의 고향이기도 하다. 『귀환』은 오디세우스를 제외한 다른 그리스 용사들이 에게해를 건너 고국으로 돌아가는 이야기를 다루고 있다.

　『귀환』에 보면 퓔로스의 왕 네스토르와 아르고스의 왕이며 헤라클레스의 조카인 디오메데스는 별 일 없이 조국에 돌아간다. 그런데 고국으로 돌아가는 시기를 놓고 아가멤논과 다투었던 메넬라오스는 폭풍을 만나 많은 배를 잃고 남은 다섯 척을 이끌고 이집트에 도착한다. 『귀환』은 이것으로 그의 이야기를 마치지만, 호메로스는 『오디세이아』(제3권 299~304행)에서 그다음 이야기를 들려주고 있다. 『오디세이아』에서 메넬라오스가 텔레마코스에게 들려준 이야기를 보면, 그는 8년 동안 이집트 이외에도 키프로스, 페니키아, 에티오피아, 시돈 등 지중해 동부를 헤매다가 조국 스파르타로 돌아간다: "나는 수많은 고난과 항해 끝에 8년째 되는 해에 많은 보물을 싣고 조국으로 돌아왔단다. 그때 나는 키프로스와 페니키아, 이집트, 이디오피아, 시돈, 에렘비(Erembi)를 떠돌았고, 양들이 날 때부터 뿔이 달린 리비아에도 들렀단다." (『오디세이아』 제4장 80~85행)

반면에 아가멤논은 트로이에 남아 아테나 여신을 위무한 다음 길을 나선다. 하지만 그의 일행은 귀국하자마자 아내인 클뤼타임네스트라와 그녀의 정부 아이기스토스(Aegistus)에게 살해당한다. 이 사건과 그의 두 자녀 오레스테스와 엘렉트라를 중심으로 한 그 이후의 이야기는 아이스퀼로스, 소포클레스, 에우리피데스 등 기원전 5세기 그리스 극작가들의 작품에서 자세히 다루어진 바 있다. 『귀환』의 마지막 부분은 아가멤논이 죽고 난 후 메넬라오스가 헬레네와 같이 고국으로 돌아갔다는 얘기만 간단히 언급하고 있다.

『오디세이아』

『서사시집』에서 현재 온전한 형태로 남아 있는 두 작품 중 하나인 호메로스의 『오디세이아』는 『귀환』 이후의 내용을 다루고 있다. 이 시는 트로이 전쟁이 끝난 후 오디세우스가 10년 동안의 항해와 고난 끝에 집으로 돌아가는 과정을 보여준다. 『일리아드』와 마찬가지로 『오디세이아』도 24장으로 이루어져 있고, 그 내용 역시 오랫동안 다양한 형태로 소개된 덕에 널리 알려져 있다.

오디세우스의 여행은 기실 트로이 전쟁과는 무관하지만 『오디세이아』를 읽다 보면 그의 부하들이나 오디세우스 자신이 전쟁 때의 일을 회상하거나 다른 서사시에서 간략하게 다루어진 사건을 자세히 묘사하는 부분들이 있다. 오디세우스는 많은 모험을 겪고 조국에 돌아와, 아들 텔레마코스의 도움으로 아내 페넬로페 옆에 모여들었던 구혼자들을 모두 처치하고, 다시 이타카 섬의 왕으로 군림한다.

『텔레고니』

『오디세이아』 다음에 나오는 『텔레고니』는 『서사시집』의 마지막 작품으로서, 두 장으로 이루어져 있다. 프로클루스에 따르면 이 작품은 키레네(Cyrene) 출신의 에우가몬(Eugammon)이 썼다고 한다. 키레네는 기원전 7세기에 현대의 리비아에 세워진 그리스 식민지였다. 에우가몬은 그로부터 얼마 되지 않은 기원전 6세기에

본질적으로 『오디세이아』의 후편이라 할 이 작품을 썼다고 전해진다. 이 시는 페넬로페의 구혼자들을 매장하는 장면으로 시작해서 오디세우스가 텔레고노스의 손에 죽임을 당하는 이야기로 끝난다. 텔레고노스는 그가 트로이 전쟁 후 집으로 돌아오다가 1년 동안 키르케 여신과 살면서 갖게 된 아들이다.

후대의 저자들

후대 그리스 극작가들과 오비디우스, 리비우스, 베르길리우스 등의 로마 작가들은 『서사시집』에 등장하는 이야기들, 그중에서도 특히 트로이 전쟁 후에 일어난 일들을 다룬 작품들을 계속 펴냈다. 트로이 전쟁이 실제로 일어난 시기와 좀 더 가깝기 때문에 『서사시집』에 나온 정보들이 이 후대 작품들보다 더 정확할 수도 있지만, 초기 작품들 역시 원래의 전쟁에서 최소한 500년 이상의 시간이 흐른 뒤인 기원전 8세기에 문자화되었다는 사실을 기억해야 한다. 이 시들이 지금의 형태로 정착된 것은 그로부터 또 200년이 흐른 기원전 6세기였을 것이다. 따라서 호메로스가 실존 인물이었는지, 그가 『일리아드』와 『오디세이아』를 썼는지

도 문제지만, 트로이 전쟁을 다룬 초기 작품들의 신빙
성 역시 호메로스 연구자들과 청동기 시대 고고학자
들에게 중요한 주제이다.

제2장

역사적 맥락에서 보는 트로이 전쟁:
미케네인, 히타이트인, 트로이인, 바다의 사람들

———

고대와 현대의 학자들은 트로이 전쟁이 실제로 일어난 사건이라면 청동기 시대 후기, 즉 기원전 2000년대 말기에 일어났을 거라고 생각한다. 이때는 바로 고대 지중해 지역에서 그리스 본토의 미케네인과 아나톨리아의 히타이트인이 가장 강성했고, 트로이와 트로아드(Troad, 아나톨리아의 비가[Biga] 반도)가 그 중간에 끼어 있던 시기였다. 이 두 문명은 기원전 1700년에서 기원전 1200년 사이에 번성했는데, 트로이 전쟁이 정말 일어났다면 이 두 세력이 멸망하기 전에 일어났어야 한다. 트로이인은 북서쪽에 있는 히살릭(고대 트로이)의 발굴을 통해서만 알려져 있지만, 미케네인과 히타이트인에 대해서는 이제 꽤 많은 것이 밝혀진 상태다. 트로이 전쟁과 관련이 있을 수도 있는 또 다른 집단, 즉 바다의 사람들이라는 정체불명의 이주자들은 아직 알려진 바가 적지만 흥미로운 연구 주제다.

미케네인들

1876년 하인리히 슐리만이 그리스 본토 미케네의 고대 유적지를 발굴할 때만 해도 청동기 시대 후기에 그곳에 존재했던 문명에 대해 알려진 바가 거의 없었다. 그는 1870년에 프리엄 왕의 트로이를 찾아 나섰다가 비교적 짧은 시간에 터키 북서부에서 그 존재를 확인한 후, 다음에는 아가멤논의 궁전을 반드시 찾겠다고 다짐했다.

미케네에서 슐리만이 진행한 발굴 때문에 이 문명은 미케네 문명이라고 불리게 되었고, 그가 미케네와 거기서 가까운 티륀스(Tiryns)에서 발굴한 유물들은 그리스 본토, 크레테 섬, 퀴클라데스 제도에서 여러 나라의 고고학자들이 찾아내고 발굴한 청동기 시대 유물들과 함께 그 시대의 특징을 밝히는 데 이바지했다. 그 후 약 20년 동안 학자들은 미케네 문명이 기원전 1700~1200년에 그리스 본토에 존재했다는 것을 밝혀냈다. 이 문제에 대한 최초의 권위 있는 연구서인 『미케네 시대: 호메로스 이전 그리스의 유적과 문화 *The Mycenaean Age: A Study of the Monuments and Culture of Pre-Homeric Greece*』가 1896년에 출간되었다.

미케네 같은 유적에서 나온 유물들과 그리스 본토와 크레테 섬 등 대부분의 미케네 유적지에서 나온 점토판들을 보면 미케네 문명에 대해 상당히 많은 것을 알 수 있다. 선상 문자 B(Linear B)라고 불리는 이 글자들은 점토판이 축축한 상태에서 새겨진 것이다. 초기 형태의 그리스 문자인 선상 문자 B는 1952년에 해독되었는데, 주로 영구적인 기록을 요하는 사람들과 상품의 목록이나 상거래 내역을 관리들이 기록한 내용이다.

가장 많은 점토판이 나온 것은 1930년대에 신시내티 대학의 칼 블레겐(Carl Blegen)이 발굴한, 호메로스에서 늙고 지혜로운 왕 네스토르가 다스렸다는 필로스다. 그리스 본토의 남서쪽에 위치한 이 도시는 기원전 1200년경에 파괴되었는데, 이 역시 미케네 문명을 무너뜨린 여러 재난의 일부였다. 점토판들은 도시를 파괴한 불길에 구워진 덕분에 그대로 보존되었다가 수천 년 후 발견되어 해독되었다.

이 점토판에 새겨진 것은 뛰어난 문학작품이 아니라 단순한 상업적 문서다. 궁전을 들고 나는 상품들의 목록, 수리할 전차 바퀴의 개수, 미케네에 보낼 옷감의 양, 음식이 필요한 노예들의 숫자 등 일상적인 내용이 새겨져 있다. 필로스에서 발견된 점토판에 있는 여자들의 이름 중에는 아나톨리아 서부 출신도 있다. 밀레투스, 크니두스(Knidus), 할리카르나소스(Halikarnassus) 등 현대 터키 서해안이나, 그 연안에 있는 도데카네스 제도(Dodecanese) 출신들도 있다. 이들은 아마 트로이 전쟁 이전에 미케네인들이 샀거나 잡아온 노예들일 것이다.

미케네인들은 이른바 지중해 삼총사라 불리는 포도, 올리브, 곡물을 토대로 한 경제 체제를 갖고 있었고, 대부분의 주민은 약간의 어업이 가미된 농경 생활을 영위했다. 상류층은 금, 은, 동, 상아, 유리로 된 사치품들도 사용했는데, 상인, 장인, 원거리 무역상 등 중산층이 이런 물건들을 제작하고 공급했다. 올리브 오일과 포도주 제조, 그리고 직물 및 향료 산업이 가장 이윤이 컸다.

이 중 어떤 물품들, 특히 직물, 향료, 올리브 오일은 그리스뿐 아니라 이집트, 가나안(오늘날의 이스라엘, 시리아, 레바논), 심지어는 메소포타미아(오늘날의 이라크)에서도 인기가 있었다. 미케네산 도자기 역시 국내외에서 수요가 있었는데, 그 자체로 가치가 있었는지, 거기 담긴 내용물 때문이었는지는 아직 불분명하다. 그동안 수천 개의 미케네산 항아리, 꽃병, 굽 달린 잔과 다른 용기들이 이집트부터 아나톨리아, 그 너머에 있는 넓은 지역에서 발굴되었고, 지금도 해마다 트로이 등 여러 곳에서 출토되고 있다.

미케네 왕들의 궁전은 최고 지도자의 위상에 걸맞게 그 지역에서 가장 높은 곳에 지어졌다. 이 궁전들은 미케네의 왕궁에서 보듯 두꺼운 담과 성채 입구에 있는 거대한 문(사자의 문) 등 철저한 방어 시설을 갖추고 있었다. 그런데 이 궁전들은 왕들의 거처일 뿐 아니라, 국내외에서 생산된 물품들의 보관 및 재분배, 수확 후 나중에 사용할 농산품의 저장고이기도 했다. 궁전 주변에는 성채의 담 안쪽으로 귀족과 관리, 가족들의 집, 궁에서 일하는 장인들의 작업소 등이 있었다.

그리스에 있는 모든 미케네 궁전의 성채 아래쪽 비탈에는 인가들이 있었다. 이곳과 그 주변에 있는 더 작은 마을에는 각 국가 경제의 주역인 농부, 상인, 무역상, 장인들이 살고 있었다. 이들은 여자든 남자든 대개 문맹이었고, 글을 읽고 쓸 수 있는 사람은 인구의 1%

이하였을 것이다.

미케네 문명은 기원전 1200년경 또는 그 직후에 당시 지중해 전역에서 벌어진 문명 붕괴의 영향으로 종말을 맞았다. 그 원인은 여전히 불분명하지만, 가뭄, 지진, 외부로부터의 침략 등 여러 요인이 결합해서 작용한 것으로 보인다.

히타이트인들

히타이트인들은 오랫동안 아무런 물질적 증거 없이 히브리 성경에 나오는 이름만으로 알려진 민족이었지만, 19세기에 재발견되었다. 성경에는 히타이트인들이 아주 여러 번 등장하는데, 주로 암몬족(Amorites), 히비인(Hivites), 브리스인(Perizzites), 에부스인(Jebusites) 등여러 가나안 부족 중 하나로 나와 있다. 아브라함이 부인 사라를 묻을 땅을 산 히타이트인 에브론(Ephron, 창세기 23장 3~20절), 밧세바(Bathsheba)의 첫 번째 남편인 히타이트인 우리아(Uriah) 등 구체적인 이름이 나와 있는 경우도 있다. 솔로몬 왕의 궁전에도 '히타이트 여인들'이 있었다(열왕기 상 11장 1절).

그러다가 스위스의 탐험가 요한 루드비히 부르크하

르트(Johann Ludwig Burckhardt) 같은 선구자나, 영국의 앗시리아 학자 A. H. 세이스(Sayce) 같은 학자들의 연구를 통해 히타이트가 가나안이 아니라 아나톨리아에 있었다는 사실이 밝혀졌다. 성서에 그 위치가 잘못 나온 것은 어쩌면 히브루 성경이 문자화된 기원전 9~7세기경에는 원래의 히타이트인이 사라지고, 그 뒤를 이어 등장한 이른바 신-히타이트인이 가나안 북부에 입지를 굳혔기 때문일 수도 있다. 성서를 쓴 이들은 바로 그들을 익히 알고 있었고, 그래서 그런 시대착오적인 명칭을 사용했을 수 있다. '히타이트인'이라는 명칭이 잘못 사용되었다는 사실도 밝혀졌다. 학자들은 성서에 나오는 이 이름을 청동기 후기에 아나톨리아에 살았던 민족을 지칭하는 데 사용했던 것이다. 그런데 히타이트인은 스스로를 '히타이트인'이 아니라 '하티(Hatti) 땅의 사람들'이라고 불렀다.

1906년에는 독일 고고학자들이 히타이트의 수도 하투사(Hattusa)를 발굴하기 시작했고, 채 일 년도 되기 전에 그들의 일상생활은 물론 역사적인 기록과 협약 등 공공의 삶을 담은 점토판들이 출토되기 시작했다. 점토판에는 히타이트어, 아카드어, 루비어(Luwian) 등 여러 언어가 사용되었고, 현재 대부분 해독된 상태다. 이 점토판들은 모두 청동기 후기에 제작된 것이다. 미케네인들과 마찬가지로 히타이트인들도 대략 기원전 1700년에서 기원전 1200년 사이에 활동했기 때문이다.

이 유적들과 현대 터키의 수많은 유적을 발굴한 결과 히타이트는 더 작고 별로 알려지지 않은 작은 왕국으로 출발해서, (현재 앙카라[Ankara]에서 동쪽으로 125마일 떨어진 보가즈쾨이[Bogazköy]에 위치했던) 하투사에 수도를 건설한 기원전 17세기 중반에 하나의 왕국으로 발전한 것 같다. 그로부터 수십 년 후 이들은 바빌론을 공격해 함무라비가 건설한 고대 바빌론 왕국을 멸망시킬 정도로 강성해졌다. 그때부터 기원전 12세기에 멸망할 때까지 히타이트는 이집트와 어깨를 나란히 하는 근동의 초강대국이었다.

하투사뿐 아니라 현대의 이집트, 시리아, 이라크 등에서 발견된 문서들을 보면 히타이트는 이집트 신왕국, 앗시리아, 바빌로니아 등 청동기 후기의 여러 강대국과 무역도 하고 분쟁을 벌이기도 하는 등 다양한 관계를 맺고 있었고, 우가리트(Ugarit)나 시리아 북부, (히타이트인이 윌루사 또는 일루시야라고 부른) 트로이 같은 아나톨리아의 작은 왕국들과도 교류한 것을 알 수 있다. 가끔 곡물을 수입했다는 기록도 남아 있고, 올리브 오일이나 포도주도 수입했겠지만, 히타이트는 전반적으로 자족적인 사회였다. 반백년 동안의 발굴과 연구를 통해 이제 학자들은 히타이트 왕국의 사회와 종교, 외교, 건축, 물질적인 문화를 상당히 정확하게 재현할 수 있게 되었다.

히타이트는 기원전 14~13세기, 특히 수필루류마(Suppiluliuma) 1세와 그 후계자들의 재위 기간에 가장 강성했는데, 이때 시리아 북부까지 영토를 넓혔고 이집트 신왕국과 여러 번 접촉하면서 가끔 충돌하기도 했다. 기원전 1227년에서 기원전 1209년까지 제국을 통치한 히타이트의 마지막 위대한 왕 투달리아(Tudhaliya) 4세는 키프로스를 정복해 금과 은을 약탈했다고 주장했다. 그로부터 얼마 지나지 않은 기원전 1200년경, 히타이트 제국은 아마도 여전히 베일에 휩싸여 있는 '바다의 사람들' 때문에 멸망한 듯하다. 이집트의 여러 기록에 따르면 이들은 '하티의 땅'을 파괴했다고 한다. 하투사 바로 북쪽에 있는 카쉬카(Kashka) 같은 이웃 민족들이 제국을 멸망시켰을 가능성도 있다.

제1부 트로이 전쟁

트로이인들

지중해에서 흑해로 통하는 헬레스폰트 해협 입구 등, 동서와 남북으로 통하는 길들을 통제하는 트로이와 트로아드 지역은 청동기 시대부터 늘 중요한 교차로였다. 따라서 잠재적으로 볼 때 트로이를 차지한 집단이 경제적, 정치적으로 그 일대를 장악할 가능성이 있었다. 그렇다면 트로이 전쟁 때부터 제1차 세계대전 당시 갈리폴리(Gallipoli) 전투까지 오랫동안 그토록 많은 민족이 이 지역을 탐냈던 이유를 능히 짐작할 수 있다. 그렇다면 미케네인이 트로이와 아나톨리아 서해안에 관심을 가졌던 것도 당연한 일이리라. 게다가 이 지역은 자기들이 장악하고 있는 에게문명권뿐 아니라 히타이트 제국의 변방이었다.

하지만 실제의 트로이인에 대해서는 알려진 바가 별로 없다. 미케네와 히타이트인의 유물과 기록이 여러 곳에서 출토되는 반면, 트로이인의 유물은 딱 한 곳, 트로이와 그 부근에서만 발굴이 이루어지고 있기 때문이다. 그 뿐만 아니라, 학자들이 지적해온 바와 같이, 트로이인이라는 말은 문자 그대로 특정한 시기에 트로이에 살고 있던 사람들을 가리키는 말이다. 트로이는 여러 번 파괴되었다가 재건된 곳으로, 터키 북서부 (고대 트로이라 불리는) 히살릭(Hisarlik) 언덕에는 적어도 아홉 개의 도시가 층층이 쌓여 있기 때문에, 기원전 3000년대에 트로이에 살았던 이들은 그로부터 천 년 뒤 트로이 전쟁이 일어난 기원전 2000년대 말에 살았던 사람들과 인종이 다를 수 있고, 이들은 그로부터 천 년 뒤 헬레니즘기의 그리스나 로마 사람들과는 다른 인종일 수 있다.

하지만 트로이 전쟁 당시에만 집중한다면 지난 백여 년 동안에 이루어진 네 번의 발굴과 다른 지역에서 발견된 그 당시 다른 지역의 기록들에서 여러 가지 정보를 얻을 수 있다. 예컨대 트로이가 히타이트인이 말하는 윌루사라면, 그들은 수백 년 동안 히타이트와 우호적 또는 적대적인 관계를 유지했는데, 트로이의 왕이 히타이트 대왕의 봉신 역할을 한 경우도 많았다.

트로이인은 또한 국제적인 성격이 강했던 청동기 후기를 특징짓는 다국간 무역에 개입했을 가능성이 크다. 히살릭 발굴 현장에서는 직조에 쓰이는 가락바퀴 (spindle whorls)가 아주 많이 출토되었는데, 이를 보면 직물 생산량이 상당했던 것으로 보인다. 호메로스에 따르면 트로이인은 말 사육으로 유명했다고 하는데, 말

　　　　　　　　　　　제1부 트로이 전쟁

은 청동기 시대 전차에 꼭 필요한 값비싼 상품이었다. 하지만 직물이나 말은 보존이 어렵기 때문에 고고학적 증거가 별로 남아 있지 않다. 그래서 트로아드 지역에서 생산된 것으로 추정되는 '트로이의 회색 도기'라고 불리는 도자기를 제외하면, 미케네를 비롯해 다른 지역으로 트로이의 어떤 물건들이 수출되었는지 정확히 알기 어렵다.

바다의 사람들

바다의 사람들(Sea Peoples)은 주로 이집트 자료에 등장한다. 이들은 파라오 메르네프타(Merneptah) 치세인 기원전 1207년과 람세스(Ramses) 3세 치세인 기원전 1177년, 두 번 이집트를 침공했다. 역사가들과 고대 지중해 지역을 연구하는 고고학자들은 아직 이들에 대해 명확한 설명을 내놓지 못하고 있다. 이들은 알 수 없는 곳에서 갑자기 나타나, 여러 나라를 멸망시키고, 이 지역에서 가장 강한 집단들과 전쟁을 벌이고, 모든 기록에서 갑자기 사라졌기 때문이다. 이들을 '바다의 사람들'로 부른 것은 이집트인이다. 이집트의 여러 명문(銘文)에 보면 이들은 북쪽, 바다 한가운데 있는 섬들에서 온 것으

로 되어 있다. 람세스 3세는 이렇게 말하고 있다:

다른 나라들이 자기들의 땅에서 음모를 꾸몄고, 갑자기 전쟁이 일어나 나라들이 사라지고 흩어졌다. 하티(Khatte), 코드(Quode), 카르케미슈(Carchemish), 아르자와(Arzawa), 알라쉬야(Alashiya) 등 여러 나라가 그들의 공격에 무너졌고, 아모르(Amor)에는 그들의 병영이 세워졌다. 그들은 그 나라의 백성들을 없애고, 나라 전체를 아무것도 없었던 상태로 만들어놓았다. 펠레셋(Peleset), 체크루(Tjekru), 쉐켈레쉬(Shekelesh), 데녜(엔)(Deneye[n]), 와쏘쉬(Washosh) 등 여러 집단이 연합해 이루어진 이들은 방어를 준비하고 있는 이집트를 향해 전진해왔다. 그들은 "우리의 계획은 성공할 것이다!"라는 자신감에 가득 차 땅 끝까지 지상의 여러 나라를 공격했다.

전통적인 해석에 따르면, 바다의 사람들은 청동기 후기인 기원전 1200년경, 히타이트, 가나안, 미케네, 미노아 등 당시 문명 세계 대부분을 붕괴시켰고, 이집트인에 의해 궤멸되었다고 한다. 지중해 서쪽에서 동쪽으로 약탈 행진을 계속하면서 그들은 이 지역에 돌

제1부 트로이 전쟁

이킬 수 없는 피해를 입혔다.

그런데 좀 더 최근의 해석을 보면, 바다의 사람들은 단순한 약탈자들이 아니라 남자, 여자, 어린이, 가재도구를 잔뜩 실은 우마차나 마차 등 인구 전체의 이동이었을 것으로 추정된다. 그들이 애초에 왜 고향을 떠나 이처럼 이동하게 되었는지 그 원인이 논란의 핵심이다. 긴 가뭄이나 지진 같은 자연 재해 때문이라는 게 가장 개연성 있는 설명이다. 이들이 청동기 후기에 일어난 여러 재앙을 초래했다는 것이 전통적인 학설이었지만, 지금은 이들의 이주는 당시 지중해 연안의 여러 문명을 멸망시킨 다양한 원인 중 하나에 불과하다고 생각되고 있다. 이들이 트로이를 공격했거나, 트로이 전쟁에 관여했다는 주장도 제기된 적 있지만, 지금으로서는 규명할 길이 없다.

기록에 남아 있는 전쟁

청동기 후기의 사회가 늘 평화로운 것은 아니었고, 교역 파트너나 인접국 간의 관계가 언제나 우호적인 것도 아니었다. 그중에서도 팽창의 시기인 기원전 1500년에서 기원전 1200년 사이에는 트로이 전쟁뿐 아니라 당시의 강대국 간에 또는 강대국과 약소국 간에 여러 번의 대규모 전쟁이 벌어졌다. 예를 들어 이집트는 기원전 1207년과 기원전 1177년 두 차례에 걸쳐 바다의 사람들과 전쟁을 치렀을 뿐 아니라, 그로부터 300년 전인 기원전 1479년에는 메기도(Megiddo, 성경에 나오는 아마겟돈; 현재의 이스라엘)에서 가나안의 반도들과 전투를 벌였다. 이 싸움은 파라오 투트모스 3세가 이끄는 이집트군의 압도적인 승리로 끝났고, 그 내용은 이집트 룩소르에 있는 카르낙 신전의 벽에 자세히 새겨져 있다. 이것이 바로 기록으로 남아 있는 사상 최초의 전투다.

이집트는 또 기원전 1286년 현대 시리아에 있는 카데쉬에서 대규모 전투를 벌였다. 이들은 파라오 람세스 2세의 지휘 하에 무르실리(Mursili) 2세가 이끄는 히타이트와 맞섰는데, 양측은 북쪽으로 히타이트, 남쪽으로 이집트에 접해 있는 지역의 통치권을 두고 싸운 것이었다. 전쟁이 끝난 후 이집트와 히타이트는 서로 승리를 주장했고, 휴전 협정에 조인했다. 이 협정문은 이집트와 아나톨리아의 하투사 양쪽에서 발견된 바 있다.

이 전투들의 공통점은, 실제로 일어났다는 기록이

제1부 트로이 전쟁

있고, 그걸 의심할 이유도 없지만, 그에 대한 고고학적 증거가 전혀 없다는 것이다. 트로이 전쟁도 그런 경우다. 문학적 증거는 있지만 확실한 고고학적 증거가 없기 때문이다(히살릭 유적지에서 최근에 발굴된 유물들을 어떻게 해석하느냐에 따라 이 역시 바뀔 수 있지만). 그렇다면 청동기 후기에 일어난 여러 사건 중 그 진위가 불분명하고 문학적 증거로만 전해 내려오는 경우가 트로이 전쟁 말고도 또 있다고 말할 수 있다.

제2부

문학적
증거 연구

제3장

호메로스에 얽힌 의문들:
호메로스의 실존 여부와 『일리아드』의 신빙성

———

　트로이 전쟁에 대한 그리스 시대의 문학적 자료를 연구하는 학자들은 대부분 이른바 '호메로스에 얽힌 의문들'에 관심을 갖고 있다. 이 의문은 실제로는 그 안에 더 작은 여러 질문을 담고 있는데, 그중 "호메로스가 실존 인물이었나?"라든가, "『일리아드』와 『오디세이아』에 들어 있는 정보들은 (트로이 전쟁이 일어난)청동기 시대, (호메로스가 살았다는) 철기 시대, 아니면 그 사이 어느 시대를 반영하고 있는가?" 같은 질문들이 이 책의 주제와 직접적으로 관련이 있다. 두 질문 모두 중요하지만, 그중에서도 두 번째 질문이 트로이 전쟁을 연구하거나, 트로이의 유적을 발굴하거나, 에게해와

지중해 동부의 청동기 시대를 재현하려는 학자들에게
더 중요한 함의를 지니고 있다.

호메로스

　호메로스나 그의 삶에 대해서는 알려진 바가 별로
없다. 고대인들은 그를 최고의 서사시인(bard), 즉 과거
영웅들의 행적을 노래하는 방랑시인으로 간주했고,
현대의 학자들도 그를 최초의, 그리고 어쩌면 최고의
그리스 시인으로 생각하고 있다. 그는 트로이 전쟁의
이야기를(들을) 모으고, 짜맞추고, 아마도 문자로 기록
한 천재로 생각되고 있다. 배리 파월(Barry Powell)이라는
학자는 그리스 알파벳이 서사시를 기록할 목적으로
발명되었다는 색다른 주장을 펴기도 했는데, 그에 따
르면 알파벳은 "우리가 호메로스라고 부르는 그리스
의 6보격(hexameters) 시를 기록하기 위해… 어떤 한 사
람에 의해 발명되었다"는 것이다. 개중에는 호메로스
가 이 시들을 지은 것은 맞지만, 애초에 구전으로 전해
지도록 의도했고, 기원전 6세기 또는 그 이후에야 문
자로 기록되었다고 주장하는 학자들도 있다.
　호메로스가 실존 인물이고, 이 시들의 저자라면(둘

다 의문의 여지가 많은 가설이지만), 그는 언제 어디서 활동했을까? 헤로도토스는 그가 자기보다 400년 전 사람이라고 생각했다: "내 생각에 호메로스와 헤시오드는… 지금으로부터 약 400년 전 사람이다."(『역사』 제2권 53장) 헤로도토스가 기원전 450년경 사람이니까 그의 말이 맞다면 호메로스는 기원전 850년경에 활동한 셈이다. 그런데 수십 년 동안의 논쟁 끝에 최근 학자들은 호메로스가 그보다 100년 쯤 후인 기원전 750년경에 활동했다고 생각한다. 그 이유 중 하나는 그의 학생이었던 (그리고 『아이티오피스』와 『트로이의 멸망』의 저자인) 밀레투스의 아르크티누스가 기원전 744년에 태어난 걸로 되어 있기 때문이다(알렉산드리아의 클레멘트[Clement]가 쓴 『잡문집 Stromata』 I. 131.6 참조).

아리스토텔레스, 핀다로스(Pindar)를 비롯한 그리스의 학자, 작가, 시인 들은 호메로스의 태생에 대해 다양한 의견을 제시했다. 어떤 이들은 호메로스가 아나톨리아 서해안에 위치한 (현대 터키의 이즈미르[Izmir]인) 스뮈르나(Smyrna) 출신으로, 키오스(Chios) 섬에서 오랫동안 일했다고 주장했다. 또 어떤 이들은 그가 키오스 또는 이오스(Ios) 섬에서 태어났다고 했다. 다시 말하면 그의 출신지에 대해 이견이 분분하다는 것이다. 사실

많은 학자가 호메로스는 실존 인물이 아니고, 설사 실존 인물이더라도 우리가 아는 그런 사람은 아니라고 생각하고 있다.

그 반면에, 호메로스가 한 사람이 아니라 최소한 두 사람이라는 설도 있다. 특히 (1795년에 그런 주장을 편 프리드리히 아우구스트 볼프[Friedrich August Wolf]를 비롯한) 독일 학자들은 오래전부터 『일리아드』와 『오디세이아』를 서로 다른 두 사람이 썼다고 생각해왔다. 컴퓨터를 이용한 문체 분석 결과 이 가설이 사실인 듯 보인 적도 있지만, 학자들은 이 문제에 대해 아직 논쟁을 계속하고 있다. 호메로스가 남자가 아니라 여자라는 주장도 있다. 최근에 와서야 이 가설에 대한 검증이 진행되고 있지만, 새뮤얼 버틀러(Sameul Butler)가 이 주장을 처음 제기한 것은 백여 년 전인 1897년이었다.

어쩌면 가장 흥미롭고 개연성 있는 가설은 바로 호메로스가 어떤 특정 인물이 아니라 하나의 직업이라는 것이다. '호메로스'라는 사람이 있었던 게 아니라, 트로이 전쟁에 대한 서사시를 읊는 것으로 생계를 이어간 방랑시인들이 바로 '호메로스'로 불렸다는 가설이다. 그렇다면 기원전 8세기에 새로운 문자 체계가 널리 쓰이게 되자 그중 한 사람 또는 몇 사람의 시인이

구전된 이 이야기를 문자로 기록했을 수 있다. 전반적
으로 호메로스에 대해서는 정말 다양한 가설과 책이
나와 있다. 하지만 간단히 말하면 우리는 그에 대해 아
는 바가 거의 없고, 가장 중요한 질문, 즉 그가 쓴 걸로
알려진 『일리아드』와 『오디세이아』가 실제로 그의 작
품인지에 대해서도 확실한 답은 나와 있지 않다.

청동기 시대인가, 철기 시대인가?

'호메로스에 얽힌 의문들' 중 두 번째는, 『일리아드』
와 『오디세이아』에 그려진 시기가 청동기 시대(기원전
1700~1200년)와 철기 시대(기원전 1200~800년) 중 어느 쪽
인지, 아니면 그 둘 사이의 어느 시대인지 불확실하다
는 것이다. 이 질문에 답하려면 기록에 담겨 있는 정보
와 고고학에서 나온 정보를 비교해봐야 한다.

그러기 위해서는 먼저 『일리아드』와 『오디세이아』
그리고 『서사시집』의 여러 시들이 청동기 시대의 그리
스를 정확히 그리고 있는지, 그리고 그 묘사들이 기원
전 1250년과 기원전 750년 사이의 500년 동안 시인들
에 의해 전혀 변형되지 않고 그대로 전해 내려왔는지
검토해야 한다. 한 시인 또는 몇 명의 시인이 수만 행

의 시를 500년 동안 정확하게 기억하고 전해줄 수 있을까? 만약 그렇다면 그 사실을 입증해줄 증거나 예에는 어떤 것들이 있을까?

1920년대에 활동한 밀먼 패리(Milman Parry)처럼 문화 기술학적 방법을 응용한 현대 학자들은 시인들이 정말 수천 행의 서사시를 구두로 정확히 전승할 수 있었을 거라는 사실을 입증했다. 그들은 유고슬라비아, 터키, 아일랜드에서 현대 시인들과 서사시인들이 낭송하고 노래한 시를 녹음했다. 그 자료들을 보면 그런 시들을 정확히 구전하는 것은 별로 어렵지 않아 보인다. 호메로스의 경우는 특히 '잿빛 눈동자의 아테나,' '발이 빠른 아킬레우스,' '장밋빛 손가락의 새벽' 등 익숙하고, 상투적이고, 반복적인 행이나 묘사가 자주 나오기 때문에 암송하기 더욱 쉬웠을 것으로 보인다.

많은 학자가 총 1,186척의 배가 등장하는 '배들의 목록'(『일리아드』 제2권 494~759행)은 500년 동안 여러 서사시인에 의해 꽤 정확하게 구전되어온 청동기 시대의 작품으로 간주하고 있다. 고고학자들의 연구에 따르면 이 목록에는 청동기 시대에만 사람이 거주했고, 호메로스 시대 훨씬 이전에 버려진 도시나 마을들이 다수 등장한다고 한다. 이곳들은 청동기 시대에는 번성했지만 호메로스의 시대에는 빈 땅이거나 기껏해야 폐허로 보였을 것이다. 이 중 몇몇 도시에 대한 기억은 이런저런 전설이나 이야기에 남아 있었지만, 완전히 잊힌 도시도 많았다. 그렇다면 이 목록이 정확하려면 그 작성 시기가 이 도시들이 번성했던 청동기 후기여야 하고, 서사시인들에 의해 죽 구전되다가 『일리아드』 제2권에 삽입되고 문자로 기록되었어야 할 것이다. 하지만 이 목록이 완전히 순수한 형태로 구전된 것은 아니다. 그 내용을 보면 작성 시기가 청동기 시대가 맞다면 당연히 있어야 할 도시가 빠지고, 있으면 안 되는 도시가 들어가 있는 경우도 있기 때문이다. 목록의 현존하는 형태를 보면 오랜 세월 동안 시인들에 의해 구전되면서 내용이 바뀐 것도 있고, 청동기 시대와 철기 시대의 자취들이 섞여 있는 부분도 있다.

전체적으로 볼 때, 『일리아드』에는 청동기에서 철기 시대에 이르는 오랜 기간에 집적된 다양한 디테일과 자료들이 섞여 있다. 한 작품이 수백 년 동안 전승되면서 늘 새롭고 시의적절한 상태를 유지하려면 이런저런 변화와 수정이 필요했을 테니 이건 불가피한 결과일 것이다. 예컨대 파트로클로스와 헥토르는 둘 다 전사했을 때 장작더미 위에서 화장된 것으로 그려져 있

제2부 문학적 증거 연구

다(『일리아드』 18장 138~257행; 24장 784~804행). "그들은 울면서 용감한 헥토르의 시신을 들고 나갔고, 높은 화장용 장작더미 위에 올려놓은 뒤, 불을 붙였다." 매장이 아닌 화장은 그리스의 청동기 시대보다 철기 시대에 더 흔히 행해졌지만, 트로이/히살릭의 6h층에서는 기원전 14세기 후반에 조성된 화장 묘지에서 유골단지에 담긴 유해가 발굴되기도 했다.

그뿐만 아니라, 호메로스가 자세히 묘사한 멧돼지 엄니 투구는 청동기 시대 말에는 사용되지 않았다. 그런 투구에서 떨어져 나온 멧돼지 엄니나, 그런 투구를 쓴 전사들을 그린 유물들이 그리스 본토의 티륀스나, 크레테 섬의 크노소스(Knossos) 궁전, 델로스(Delos) 섬 등지에서 발견된 바 있지만, 『일리아드』에 있는(제10장 260~265행) 자세한 묘사에도 불구하고 호메로스 시대에는 사라진 지 오래된 상태였다:

메리오네스(Meriones)가 오디세우스에게 활과 화살, 칼을 건네주고, 자신도 가죽으로 된 투구를 썼다. 투구 안에는 이리저리 튼튼하게 얽어 짠 가죽 끈들이 달려 있고, 바깥쪽에는 엄니가 빛나는 멧돼지의 하얀 이빨들이 뛰어난 솜씨로 촘촘히 꿰매져 있었다. 그리고 중앙에는 털가죽이 붙어 있었다.

아익스와 그가 사용한 '탑 방패(Tower Shield)'에 대한 호메로스의 묘사 역시 청동기 시대는 맞지만 트로이 전쟁보다 훨씬 오래전의 청동기 시대에서 유래한 것으로 생각되고 있다:

> 튀키오스(Tychios)가 청동과 소가죽 일곱 겹을 사용해 공들여 만든 벽 같은 방패를 들고 아익스가 그에게 다가왔다. 고향 휠데(Hylde)에서 가장 뛰어난 가죽 장인 튀키오스는 탄탄한 소가죽 일곱 겹과 잘 두드린 청동 여덟 겹으로 아주 크고 빛나는 방패를 그에게 만들어 주었다. (『일리아드』7장 219~223행)

그런 방패와 멧돼지 엄니 투구가 그리스 산토리니 섬의 아크로티리(Acrotiri)에 있는 한 집에서 발견된 이른바 '프레스코'에 그려져 있다. 이 프레스코는 트로이 전쟁이 일어나기 400년 전인 기원전 17세기에 그려진 작품으로 추정되고 있다. 일부 학자들은 아익스가 지금은 소실된 다른 서사시에 나왔던 좀 더 오래된 시대의 영웅으로서, 호메로스 시대의 청중에 이미 잘 알려

제2부 문학적 증거 연구

져 있는 상태에서 『일리아드』에 들어갔을 것으로 생각한다.

트로이군의 영웅 헥토르도 '탑 방패'를 들고 가다가 발목과 목에 부딪치는 장면이 나온다(『일리아드』 6장 117~118행). 그는 또 '청동 갑옷'으로 완전 무장했다고 묘사되어 있다(『일리아드』 11장 65행). 미케네에서 가까운 덴드라(Dendra) 유적지에서 발굴된 기원전 1450년경의 갑옷 일습을 보면 호메로스가 『일리아드』에서 그린 갑옷들과 비슷하다. 이 역시 호메로스에 등장하는 많은 정보가 청동기 시대의 문화에 바탕을 두고 있음을 보여주는 예가 될 것이다.

『일리아드』에는 '정강이를 잘 감싼 아케아인들'이 사용한 정강이받이를 포함한, 좀 더 흔한 보호 장구들이 아주 여러 번 묘사되어 있는데(예컨대 『일리아드』 3장 328~339행; 4장 132~138행; 6장 15~45행; 16장 130~142행; 19장 364~391행), 이들 역시 호메로스 시대가 아니라 청동기 시대에 사용된 것들이다. 착장하는 순서는 늘 일정하게 그려져 있는데, 정강이받이, 상체 갑옷, 칼, 방패, 투구, 그다음이 창이다:

파트로클로스는 번쩍이는 청동 갑옷을 입었다. 그는 먼저 발목 부분에 은으로 된 고리가 달린 아름다운 정

강이받이를 차고, 별들과 날랜 아이키아데스(Aiakides)
의 모습이 새겨진 상체 갑옷을 입고, 어깨에 은장식이
박힌 청동 검을 걸고, 그다음에 아주 크고 무거운 방패
를 들었다. 탄탄한 머리에는 가운데가 말총으로 장식된
멋진 투구를 썼는데, 그 위에서 깃털이 무섭게 휘날리
고 있었다. 마지막으로 그는 자기 손에 딱 맞는 튼튼한
창 두 개를 집어 들었다.

『일리아드』에 보면 파트로클로스는 또 트로이의 성
벽을 세 번이나 기어오르는데, 매번 아폴로 신이 밀
어내버린다. 『일리아드』의 묘사를 보면: "파트로클
로스는 세 번이나 높은 성벽의 모퉁이를 기어올랐지
만, 포이보스 아폴로(Phoibos Apollo)가 불멸의 손으로 그
의 빛나는 방패를 쳐서 도로 밀어냈다."(『일리아드』 16장
702~703행) 그렇다면 트로이의 성벽은 사람이 기어 올
라갈 수 있는 상태였다는 뜻인데, 하인리히 슐리만과
빌헬름 되르프펠트, 칼 블레겐 등의 고고학자들이 히
살릭/트로이를 발굴해보니, 트로이 6층 성벽의 각도
및 돌과 돌 사이의 거리를 볼 때 적어도 어떤 한 곳에
서는 능히 올라갈 수 있게 되어 있었다. 호메로스가 활
동한 기원전 8세기 경, 이 성벽은 땅속 깊이 묻혀 있어

서 수백 년 동안 아무도 본 적 없는 상태였다. 그렇다면『일리아드』의 그 구절은 호메로스가 태어나기 아주 오래전 지하에 묻혀버린 청동기 시대의 성벽에 대한 정확한 묘사인 셈이다. 그런데 호메로스는 트로이 성 안에 있는 벽이 아니라 바깥에 있는 성벽을 묘사한 것 같다. 그래서『일리아드』의 묘사는 약간의 혼란을 빚을 수 있다.

가장 눈에 띄는 차이는 호메로스가 그린 용사들은 거의 언제나 청동 무기를 사용하고 있는데, 호메로스 당대의 무기들은 모두 철로 만들어졌다.『일리아드』에는 철로 된 물건들이 거의 등장하지 않는데, 그것은 청동기 시대에도 철은 사용되긴 했지만 희귀하고 비쌌다는 역사적 사실과도 궤를 같이한다. 실제로 청동기 시대에 만들어진 얼마 안 되는 철제 무기 중 하나는 바로 하워드 카터(Howard Carter)가 기원전 14세기 이집트의 투탕카멘 왕 무덤에서 발굴한 단검인데, 파트로클로스의 장례식에서 아킬레우스가 들고 있던 단검과 비슷한 예가 되겠다(『일리아드』 18장 32~34행).

호메로스에 나오는 다른 물건들과 사건도 청동기와 철기 시대의 구분을 모호하게 하는데, 그 대부분은 호메로스의 영웅들이 탄 전차의 바퀴살의 개수, 전차를

끈 말들의 숫자 등 사소한 것들이다. 미케네에서 발굴된 '수레바퀴 채 무덤(Shaft Graves)'의 묘석이나, 미케네 등 여러 곳에서 발견된 황금 고리에 그려진 그림들을 보면, 트로이 전쟁 당시의 전차는 바퀴에 네 개의 바퀴살이 달려 있고 두 마리의 말이 동원되었으며, 사람이 올라타서 싸우는 용도였다. 그런데 『일리아드』에서 호메로스가 그리고 있는 전차는 바퀴에 여덟 개의 바퀴살이 있고(5장 720~723행), 대부분 네 마리의 말이 끌며, 주로 전투 현장까지 사람을 실어다 주는 '전투용 택시'로 이용되었다. 전투 현장에 도착한 용사는 전차에서 내려 땅바닥에서 싸웠다. 이런 전차나 전투 방식은 트로이 전쟁보다 훨씬 나중인 철기 시대의 특징들로 알려져 있다.

마찬가지로, 호메로스의 용사들은 대개 두 개의 창을 들고 있고, 주로 던지는 용도로 사용한다(『일리아드』 3장 16~20행; 7장 244~248행). 이는 주로 철기 시대에 존재한 전쟁 방식인데, 청동기 시대 용사들은 긴 창 하나를 사용했고, 멀리 던지는 게 아니라 가까운 데서 상대를 찌르는 용도로 썼다. 그런데 호메로스는 그렇게 긴 창은 어쩌다 한 번 묘사할 뿐이다. 그렇지만 헥토르와 아킬레우스가 그런 창을 쓴 경우도 있다. 『일리아드』6장

제2부 문학적 증거 연구

318~320행에서 헥토르는 11큐빗(약 5미터) 길이의 창을 쓰고 있고, 아킬레우스 역시 22장 273행에서 긴 창 하나를 들고 있다. 개인의 영광을 드높이기 위해 두 명의 영웅이 일 대 일로 싸우는 경우도 호메로스에서 자주 나타난다(『일리아드』 7장 224~232행에 나오는 아익스와 헥토르의 대결; 20장에 나오는 아킬레우스와 헥토르의 대결). 호메로스는 또 밀집 대형으로 행군하는 보병을 묘사한다(『일리아드』 3장 1~9행). 그런데 일 대 일 대결과 밀집 대형은 청동기 시대가 아니라 철기 시대의 전투 방식이다.

호메로스는 철기 시대가 아니라 미케네 시대에 존재했던 무기 및 물건들을 언급하기도 한다. 예컨대 그는—기원전 16~15세기 미케네의 '수레바퀴 채 무덤'에서 발견된 금이나 은 장식이 박힌 칼 같은— '은장식이 박힌 칼'(『일리아드』 11장 29~31행)과 금장식이 박힌 홀(笏)을 묘사한다(『일리아드』 1장 245~246행). 그는 또 미케네의 '수레바퀴 채 무덤' 등 여러 곳에서 발굴된 단검과 같은 방식으로 만들어진 아킬레우스의 새 방패를 묘사하기도 한다. 이들은 청동 표면에 금, 은, 니엘로(niello)라고 불리는 끈끈한 검은 성분을 상감한 것으로 모두 청동기 시대에 제작된 것이다. 그런데 『일리아드』에는 아킬레우스가 원래 쓰던 방패도 등장한다. 파트로클로스가 전사했을 때 사라진 이 방패에는 고르곤(Gorgon)의 얼굴이 그려져 있었다. "그는 사람의 몸을 감싸는 강하고 정교한 방패를 집어 들었다. 이 눈부신 방패의 중앙에는… 눈동자가 없는 무서운 고르곤의 얼굴이 동그라미 안에 그려져 있고, '공포'와 '두려움'이 새겨져 있었다."(『일리아드』11장 32~37행) 그런 문양이 새겨진 방패들은 철기 시대에 와서야 널리 쓰이게 되었고, 기원전 7세기 그리스 장갑 보병(裝甲 步兵)의 밀집 방진(方陣) 시기에 가장 많이 사용되었다.

그렇다면 트로이 전쟁의 전사들, 무기, 전투 방식을 그린 『일리아드』에서 호메로스는 청동기 시대와 철기 시대를 섞어놓고 있다. 이런 현상은 아마 이 이야기가 5세기 동안 구전되면서 겪은 변화를 반영하고 있는 것이리라. 그래서 고고학자들과 고대 역사가들은 에게 문명권의 청동기 시대를 연구할 때 호메로스의 시를 문자 그대로 이용하지 않는다. 실제로 초기의 고전학자들이 트로이 전쟁이 실제로 일어난 사건이 아니라고 생각한 중요한 이유 중 하나가 바로 청동기와 철기 시대를 섞어놓은 『일리아드』의 이 시간적 결합이었다.

그렇지만 그와 반대되는 주장을 펼칠 수도 있다. 호메로스에는 청동기 시대에만 존재했다가 현대 고고학자들의 발굴을 통해 비로소 재발견된 물건과 장소들이 다수 등장한다. 그렇다면 트로이 전쟁의 이야기가 오랫동안 구전되면서 이런저런 이질적인 요소들이 들어갔더라도, 호메로스의 서사시가 정말 청동기 시대 말기에 일어난 실제의 사건을 다루고 있다고 볼 수도 있는 것이다.

신(新)분석

그런데 이와 관련해 짚고 넘어갈 점이 또 하나 있다. 여러 학자들의 연구에 따르면 『일리아드』, 『오디세이아』, 『서사시집』에는 철기 시대의 물건들뿐 아니라 트로이 전쟁이 일어났다는 기원전 13세기 이전의 청동기 시대에 존재한 인물, 장소, 사건도 등장한다. '독일 신분석학파(Neoanalysis)'라고 불리는 이 학자들은 호메로스의 시에는 그 이전 시대에 형성된 서사시들의 잔재도 들어가 있다고 주장한다.

예를 들어 『키프리아』에 따르면, 트로이 전쟁 바로 전에 헬레네를 구하기 위해 처음 파견된 아케아군은 트로이 남쪽에 있는 아나톨리아 북서부의 튜트라니아(Teuthrania)에서 전투를 벌였다(고대와 현대 학자들에 의하면

이 '트로이 전쟁 바로 전'은 호메로스가 다룬 전쟁의 몇 주 전일 수도 있고, 9년 전일 수도 있다). 신분석학파 학자들은 이 원정 이야기를 호메로스 이전에 존재한 트로이 전쟁 관련 서사시의 좋은 예로 본다. 이들은 '탑 방패'를 사용하는 아이스 역시 트로이 전쟁 이전의 영웅으로서 호메로스 이전의 서사시에 등장했던 인물일 것으로 본다. 이 도메네우스(Idomeneus), 메리오네스(Meriones), 심지어 오디세우스도 그런 경우로 보인다.

신분석학파와 몇몇 학자들은 또『일리아드』에 나오는, 그리스의 영웅 헤라클레스가 프리엄 왕의 아버지 라오메돈 왕 시대에 여섯 척의 배로 트로이를 약탈했다는 일화에 주목한다(『일리아드』 5권 638~642행). "사람들 말로는 우리 아버지 헤라클레스는 격이 달랐다고 하네. 싸움에 능하고, 용맹스럽고, 라오메돈의 암말들 때문에 불과 여섯 척의 배를 이끌고 여기[트로이] 와서 [자네보다] 많지 않은 병력으로 일리오스를 함락시켜 그 거리를 파괴했다네."[트로이 편의 영웅 사르페돈(Sarpedon)과 맞서 싸우게 된 헤라클레스의 아들 틀레폴레무스(Tlepolemus)가 자기 아버지에 대해 얘기하는 장면-역주] [아테네에서 별로 멀지 않은 아티카(Attica) 연안에 있는 아이기나 섬 아파이아(Aphaia) 신전의 동쪽 박공벽에 이 첫 번째 트로이 원정이 묘사되어 있다.] 배 한 척에

제2부 문학적 증거 연구

50명이 탔다면 총 300명밖에 안 되는데, 그건 정말 적은 숫자다. 하지만 아폴로도로스(Apollodorus)나 디오도로스(Diodorus) 같은 후대 그리스 작가들의 작품을 보면 이때 헤라클레스는 여섯 척이 아니라 열여덟 척을 이끌고 왔다고 하고, 그러면 900명의 군사로 트로이를 친 셈이니 그 정도면 훨씬 강력한 병력이다.

그렇다면 『일리아드』와 『서사시집』에도 반영되어 있는 하나의 전승이 있는 셈인데, 그건 즉 실제의 트로이 전쟁이 일어나기 수십 년, 아니 수백 년 전부터 미케네의 전사들이 아나톨리아의 서해안에서 싸움이나 모험을 해왔고, 트로이 자체도 아가멤논이 프리엄 왕의 군대를 공격하기 거의 백 년 전부터 미케네인의 공격을 받았다는 것이다. 고대 역사가 모지스 핀리(Moses Finley)는 『오디세우스의 세계 *The World of Odysseus*』(1956)에서 청동기 시대에 여러 번의 트로이 전쟁이 있었다고 얘기하고 있다.

평결

그렇다면 몇 개의 근본적이고 상식적인 질문이 제기된다. 『일리아드』와 『서사시집』의 사건들과 줄거리는 믿을 만한가? 호메로스와 다른 서사시인들이 묘사한 사건들은 정말 일어났고, 그들이 묘사한 방식으로 일어났는가? 어떤 나라 전체가 (또는 당시 사회에서 그에 해당하는 집단이) 정말 한 사람 때문에 전쟁에 나갈 수 있는가? 아가멤논은 정말 자기 동생의 부인을 되찾아오기 위해 그렇게 많은 사람을 동원할 수 있는 '왕 중의 왕'이었는가? 청동기 후기 미케네 사회는 그런 식으로 조직되어 있었는가? '트로이의 목마'는 또 어떤가? 정말 그런 장치가 만들어져서 전쟁을 끝내는 데 이용되었을까?

이 모든 질문에 대한 답은 "그렇다"이다. 예컨대 『일리아드』에 나오는 어떤 행동, 여행, 전투 그리고 많은 세세한 부분은 모두 사실인 것 같고, (트로이 전쟁의 이야기가 수백 년 동안 구전되었다는 사실 때문에) 무기나 전술은 실제보다 더 오래전이나 나중에 사용된 것들도 있지만, 시 안에 묘사된 사건들은 믿을 만하다. 그뿐만 아니라, 청동기 시대 그리스는 실제로 아주 많은 도시국가들로 나뉘어져 있었고, 각국의 왕이 티륀스, 필로스, 미케네 같은 주요 도시와 주변 지역을 다스리고 있었다. 그리고 그 도시로 수입되었다가 고고학자들에 의해 발굴된 외국 물품들이 한 도시의 국제적 위상을 보여

제2부 문학적 증거 연구

준다면, 미케네는 그 당시 다른 도시들보다 더 강성하고, 다른 나라들에 비해 더 많은 도시들과 연결되어 있었던 것으로 보인다.

단지 헬레네의 납치 때문에 전쟁이 일어나지는 않았을 것이다. 그것이 편리한 핑계가 되어 줄 수는 있지만, 고대 세계에서 대개 그랬듯이 실제로는 아마 영토 확장이나 이문이 많이 남는 교역로의 통제권 확보 같은 정치적, 상업적 이유 때문에 전쟁이 시작되었을 것이다. 하지만 역사를 보면 실제로 한 사람에 얽힌 사건이 전쟁의 핑계나 촉매제가 된 경우도 더러 있다. 대표적인 예가 바로 제1차 세계대전을 촉발시킨 페르디난드 대공의 암살이다. 어차피 일어날 전쟁이었겠지만, 암살이 불씨 역할을 했다. 두 번째 예는 기원전 14세기에 이집트의 공주와 결혼하러 가다가 익명의 암살자들에 의해 살해된 히타이트 수필루류마 1세의 아들 자난자(Zannanza) 왕자의 경우다. 부왕은 이 암살을 핑계로 이집트와의 전쟁을 시작했다. 이 전쟁 역시 왕자의 죽음과 아무 상관 없는 이유, 즉 영토 분쟁 때문에 어차피 일어났을 것이다.

호메로스에서 가장 믿기 어려운 것이 트로이의 목마 이야기일 텐데, 그 역시 설명할 수는 있다. 솔직히 그리스인이 나무로 그런 말을 만들어서 그 안에 군사들을 넣었을 것 같지는 않다. 게다가 트로이 쪽이 그 말을 성안으로 들여갈 정도로 아둔했을 가능성은 더욱 희박하다. 하지만 호메로스와 다른 서사시인들은 시인이었고, 시인은 원래 어느 정도의 시적 자유(poetic licence)가 용인되는 집단이다. 그렇게 볼 때, 트로이의 목마는 서기 74년에 로마군이 현재 이스라엘인 마사다(Masada)의 성벽을 부술 때 사용한 거대한 충각(衝角)이나, 기원전 701년에 니느베(Nineveh)인들이 예루살렘 바로 남쪽에 있는 라키쉬(Lachish)를 공격할 때 사용한 병사들이 올라가서 싸우는 일종의 탑일 수도 있다. 니느베에 남아 있는 세나케립(Sennacherib) 왕의 궁전에는 이 전투 장면이 그려져 있다. 트로이의 목마가 트로이를 파괴한 지진의 비유라고 주장한 학자들도 있다. 그리스 신화에서 포세이돈은 지진의 신이고, 말은 그의 상징이기 때문이다.

마지막 의문은 호메로스가 몇 번의 전쟁을 묘사하고 있느냐는 것이다. 그리스의 서사시들을 보면 미케네인은 청동기 후기에 최소한 세 번 트로이 및 트로아드 지역을 공격했다. 헤라클레스와 라오메돈 왕 때 일어난 트로이 약탈, 아가멤논과 그의 병사들이 트로이로 착

제2부 문학적 증거 연구

각하고 튜트라니아를 공격한 사건, 그리고 『일리아드』에 그려진 트로이 전쟁이 그것이다. 이 중 어떤 것이 호메로스가 그린 트로이 전쟁일까? 아니면 그는 이 세 번의 공격을 다 묘사하고 있는 걸까? 호메로스가 이 세 사건을 아나톨리아 서부에서 수백 년 동안 벌어진 크고 작은 전쟁들을 상징적, 시적으로 그린 하나의 위대한 서사시로 통합했을 수도 있는 걸까? 고고학적·문학적 자료들을 보면 그리스 병사들이 기원전 13세기 훨씬 전부터 아나톨리아 북서부 해안 그리고 아마도 트로이 자체에서 전쟁을 벌였다는 추정을 뒷받침하는 여러 근거가 있다.

제4장

히타이트의 문서들:
앗수와, 아히야와, 윌루사의 알락산두

———

그리스인이 트로이 전쟁에 대한 기록을 남겼듯이, 중앙 아나톨리아에 있는 히타이트인도 이 사건에 대해 여러 가지 기록을 남겼다. 그들은 기원전 1700년에서 기원전 1200년 사이에 트로이가 있는 서해안부터 현재 터키와 시리아 접경 지역인 서부까지 이 나라 대부분 지역을 통치했다. 독일 학자들이 현재의 앙카라에서 동쪽으로 125마일(약 200킬로미터) 떨어진 수도 하투사에서 히타이트어, 아카드어, 그리고 당시 사용된 여러 다른 언어가 새겨진 점토판들을 발굴했다.

제2부 문학적 증거 연구

윌루사

이 점토판 중 상당수가 히타이트인이 윌루사라고 부른 도시 또는 지역을 언급하고 있다. 윌루사의 왕들은 적어도 300년 동안 때로 괴뢰 왕 노릇을 하면서 히타이트와 빈번히 접촉했고, 그들의 지시대로 통치했다. 현대의 학자들은 대부분 윌루사가 호메로스와 서사시인들이 '(위)일리오스(즉, 트로이)'라고 부르는 곳과 같은 도시일 가능성이 높다고 본다. 히타이트의 점토판들을 보면 청동기 후기에 이 도시에서 최소한 네 번의 전쟁이 있었다. 점토판에는 그 사건에 관련된 왕들의 이름까지 기록되어 있는데, 그중에는 기원전 13세기 초 일어난 전쟁과 관련된 알락산두(Alaksandu)와, 그로부터 불과 수십 년 후 적군에 의해 폐위된 월무(Walmu)도 있다. 이두 사건은 모두 호메로스의 트로이 전쟁과 대략 비슷한 시기에 일어났고, 이 중 한 사건 또는 두 사건이 모두 그와 연관이 있을 수 있다.

1911년부터 지금까지 여러 학자가 히타이트의 알락산두는 바로 그리스어의 알렉산더와 같은 이름일 거라고 주장해왔다. 이 가설이 맞다면, 히타이트에서 윌루사의 알락산두는 (위)일리오스(트로이)의 알렉산더/

파리스와 동일 인물이라고 가정할 수 있을 것이다. 이 둘을 다른 사람으로 본다면, 아나톨리아 북서부에서 거의 같은 시기에 아주 비슷한 이름을 가진 두 왕이 아주 비슷한 이름을 지닌 두 도시를 통치했다고 보아야 하는데, 그런 우연의 일치는 있기 어렵기 때문에, 이 둘을 동일 인물로 보는 편이 더 이치에 맞는다.

흥미롭게도, 윌루사의 왕 알락산두와 히타이트의 왕 무와탈리 2세가 기원전 13세기 초에 윌루사/트로이에서 일어난 전쟁 후 조인한 휴전 협정서가 남아 있다. 이 전쟁이 트로이에서 일어난 많은 전쟁 중 어느 것을 가리키는지 알 수 없기 때문에, 이 문서가 그리스와 히타이트의 기록들이 같은 인물을 가리키고 있다는 가설을 뒷받침하는지, 부인하는지는 확실히 알 수 없다. 그렇다면 히타이트의 문서에 나타난 전쟁이 호메로스와 그리스 서사시인들이 그린 전쟁과 같은 사건인지 판단하기 위해서는 기원전 13세기에 일어난 전쟁 이전으로 돌아가 보아야 한다. 처음에는 등장인물들의 이름이 좀 낯설게 느껴지지만, 히타이트의 휴전 협정서는 확실한 역사적 사건을 다루고 있고, 여러 가지 세세한 내용들을 담고 있다.

아히야와

먼저 아히야와라는 이름을 지닌 정권과 집단을 다루고 있는, 하투사에서 발견된 20여 편의 문서들을 검토해보자. 에밀 포러(Emil Forrer)라는 스위스 학자가 아히야와가 청동기 시대 미케네인, 즉 호메로스가 (그 이외에도 여러 가지 이름이 있지만) 아케아인이라고 부른 사람들과 같은 집단이라는 가설을 내놓은 이래 백여 년 동안 학자들은 아히야와인이 누구인지, 그들이 트로이 전쟁과 어떤 관련이 있는지 논쟁을 벌이고 있다. 포러는 한걸음 더 나아가서 히타이트 문서에 나오는 인물들을 호메로스의 영웅들과 연관시키고 있다. 예컨대 호메로스에 나오는 아트레우스(Atreus)와 에테오클레스(Eteokles)는 바로 히타이트의 아타리시야(Attarissiya)와 타와갈라와(Tawagalawa)라는 식이다.

포러가 그 가설을 내놓자마자 여러 학자가 이 논쟁에 합류했고, 독일의 페르디난트 좀머(Ferdinand Sommer)는 1932년에 그 가설을 부인하기 위한 목적으로 그때까지 알려진 모든 아히야와 자료들을 검토하는 두꺼운 책을 펴냈다. 이 논쟁은 아직도 진행 중이다. 오늘날 대부분의 전문가들은 포러가 말했듯이 아히야와

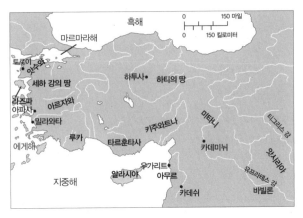

그림3 기원전 1500~1200년경의 히타이트 아나톨리아

가 아마 그리스 본토에서 온 아케아인(미케네인)일 거라
고 생각한다. 그렇다면 우리는 미케네인들이 기원전
15세기 때부터 이미 아나톨리아 서해안을 침략하거나
분쟁을 벌였음을 보여주는 문자로 된 증거를 갖고 있
는 셈이다.

만약 포러의 주장이 틀리다면, 즉 아히야와인이 미
케네인이 아니라면 우리는 에게 해 양쪽에 사는 그 당
시 가장 강력한 두 집단인 히타이트인과 미케네인 사
이에 어떤 접촉이 있었다는 히타이트 쪽의 기록을 하
나도 발견하지 못한 셈이다. 그런데 그럴 가능성은 별
로 없다. 그게 사실이라면, (미케네라는) 청동기 후기의

중요한 문화가 히타이트의 기록에 전혀 나타나지 않는 셈이고, (아히야와라는) 여러 문헌에 남아 있는 중요한 국가 또는 왕국의 고고학적 유물이 전혀 존재하지 않는다는 얘기가 된다. 그보다는 오늘날 대부분의 학자들이 생각하듯 아히야와인과 미케네인을 동일 집단으로 보는 편이 훨씬 사리에 맞는다.

마두와타와 아타리시야

하투사에서 발굴된 이른바 아히야와 문서 중 가장 오래된 것들 중 하나는 히타이트의 아르누완다(Arnuwanda) 1세 때 기록된 것인데, 이 문서는 그 바로 전인 기원전 1450~1420년경에 재위했던 투달리야 1/2세 때 일어난 사건을 다루고 있다(그 당시 투달리야라는 이름을 지닌 왕이 한 명이었는지, 두 명이었는지 불확실하기 때문에 1/2세라고 부르고 있다). 「마두와타(Madduwatta)의 고발」이라는 이 문서는 히타이트와 '(초기엔 '아히야와'라고 불린) 아히야의 왕' 아타리시야(Attarissiya) 간의 직접적인 접촉에서 히타이트의 마두와타가 수행한 역할을 그리고 있다.

문서는 자세한 부가 설명 없이 단순명료하게 아타리시야가 아나톨리아의 서해안에 도착해 히타이트 군대와 전투를 벌였다고 말하고 있다. 히타이트의 장교 키스나필리(Kisnapili)가 수천 명의 보병과 100대의 전차를 이끌고 아히야와 왕과 맞서 싸웠는데, 양편 모두 장교들이 한 명씩 죽었고, 보병이나 전차의 피해 규모는 나와 있지 않다. 이 사건이 일어난 것은 호메로스의 트로이 전쟁보다 약 200년 전이다. 기록된 보병이나 마차의 수가 정확하다면 이 전투는 단순한 충돌이 아니라 진짜 전쟁이다. 당시 전차 100대는 대규모 병력이었기 때문이다.

앗수와의 반란

고고학자들이 하투사에서 발굴한 문서 중 여섯 편 정도가 아나톨리아 북서쪽에 위치했던 앗수와(Assuwa)라는 지역에서 일어난 반란을 언급하고 있다. 앗수와는 22개 도시국가들의 연합으로, 오늘날 '아시아'의 이름이 거기서 유래했다고 한다. 이 반란은 주로 히타이트 왕 투달리야 1/2세의 통치 기간인 기원전 15세기 후반의 기록에 나타난다.

당시 앗수와와 그 왕은 그 전부터 섬겨오던 히타이트에 맞서 반역을 일으킨다. 기록에 남아 있는 22개 앗수와 연합의 도시 국가 중에 윌루시야(Wilusiya)가 보이는데, 이는 윌루사(즉, 트로이/일리오스)의 다른 이름으로 알려져 있다. 이 문서와 또 다른 히타이트 문서에 나타나는 타루이사(Taruisa)라는 도시국가는 여기서 윌루시야 바로 다음에 언급되어 있다. 타루이사가 바로 트로이라고 주장한 학자들도 있는데, 그보다는 트로아드였을 가능성이 더 높다. 이 가설이 맞다면 트로아드 지역에 있는 윌루사/윌루시야 그리고 타루이사가 그리스인들이 같은 지역을 지칭하는 데 사용했던 이름인 일리오스 및 트로이와 비슷하다는 사실이 흥미롭다.

히타이트 문서들, 특히 「투달리야 연대기」로 알려진 기록들에 의하면, 앗수와 연합은 투달리야 1/2세가 아르자와(Arzawa), 하팔라(Hapalla), 세하(Seha) 강의 땅 등 아나톨리아 서해안에 연해 있는 도시들과 전쟁을 치르고 돌아온 즈음 반역을 일으켰다고 한다. 투달리야 왕은 본인이 직접 군대를 이끌고 출정해 반도들을 무찔렀다고 한다. 「연대기」에 따르면 왕은 만 명의 앗수와 병사, 600대의 전차와 말, 많은 주민과 그들이 지닌 가축과 소지품들을 포획해 하투사로 돌아왔다고 한다. 이 중에는 앗수와의 왕 피야마-쿠룬타(Piyama-Kurunta), 그의 아들 쿠쿨리(Kukkulli) 그리고 그들의 가족도 포함되어 있었다.

구체적인 경위는 불분명하지만, 그 후 투달리야는 피야마-쿠룬타 대신 쿠쿨리를 앗수와의 왕으로 봉하고, 앗수와를 재건해 히타이트 왕국의 속국으로 만들었다. 쿠쿨리는 얼마 후 다시 반란을 일으켰으나 성공하지 못했고, 히타이트는 그를 처형하고, 앗수와 연합을 해체시켰다. 이처럼 앗수와 연합은 투달리야 1/2세의 개입으로 얼마 가지 못했고, 주로 기원전 15세기에 존재했던 것으로 보인다.

이와 관련된 두 가지 사항이 있다. 1991년 히타이트 제국의 수도 하투사 유적지로 가는 도로를 보수하는 과정에서 불도저 운전자가 우연히 청동 검 하나를 발견했다. 검에는 그 당시의 국제어인 아카드어로 이렇게 새겨져 있었다: "투달리야 대왕이 앗수와국을 쳐부순 것을 기념해 이 검들을 폭풍의 신께 바쳤다."

이런 명문(銘文)은 분명히 전투에서 승리를 거둔 후에 새겨진 것이고, 그렇다면 이는 투달리야 왕이 앗수와군에게서 포획해서 신에게 바친 검일 것이다. 그리고 '이 검들을' 바쳤다고 쓴 것을 보면 원래는 하나가 아니라 여러 개가 있었을 것이다. 그런데 가장 중요한 사실은 이 검은 당시 아나톨리아에서 흔히 사용된 형

제2부 문학적 증거 연구

태가 아니라, 미케네인들이 기원전 15세기 후기에만 만들고 사용한 것으로 보인다는 것이다. 이 검이 앗수와 반란에서 사용되고 포획되었다는 것은 미케네인들이 직접 그 전쟁에 참여해 히타이트에 맞서 싸웠거나, 앗수와 연합에 무기를 공급했거나 협조적이었다는 것이다. 그렇다면 이 검은 호메로스의 트로이 전쟁이 일어나기 200년 전에 트로이 지역에서 일어난 전쟁에 미케네인들이 개입되어 있었다는 사실을 보여주는 (문헌적 증거가 아닌) 희귀한 물질적 증거의 하나라 하겠다.

윌루사와 아히야와

그뿐 아니라, 그 연합에 속해 있던 적어도 한 도시국가, 즉 윌루사/윌루시야는 그 후로도 200년 이상 존속됐다. 그 기간 동안 윌루사는 히타이트와 관계를 유지했을 뿐 아니라, 아히야와라는 집단 그리고 그 집단의 구성원들과 교류하고 있었다. 아히야와 또는 아히야와인을 언급하는 28편의 히타이트 문서 중 여러 편이 윌루사와 관련된 그들의 활동을 묘사하고 있기 때문이다. 현재 대부분의 학자들이 그러듯이 아히야와인과 미케네인을 같은 집단으로 본다면, 미케네인들이 기원전 15세기에서 13세기까지 윌루사(트로이)라는 도시국가와 관계가 있었고, 그들 편에 서서 전쟁을 치렀음을 보여주는 문헌적 기록을 갖고 있는 셈이다.

예컨대 그로부터 훨씬 나중에 쓰인 아히야와의 문서, 즉 기원전 13세기 초에 아히야와 왕이 무와탈리(Muwattalli) 2세로 추정되는 히타이트의 왕에게 보낸 편지를 히타이트어로 번역한 문서를 보면 미케네인들이 앗수와 반란 당시 윌루사와 관련이 있었다는 사실을 우회적으로 보여준다. 그 당시보다 아주 오래전의 일을 다루고 있는 이 편지는 최근까지 기원전 1295년에서 1272년경에 히타이트의 왕이었던 무와탈리가 아히야와의 왕에게 보낸 것으로 알려져 있었으나 사실은 그 반대인 것으로 입증되었다. 즉, 이 문서는 아히야와의 왕이 히타이트의 왕에게 보낸 아주 드문 서한 중의 하나인 것이다.

이 편지는 원래 아히야와 왕의 소유였다가 히타이트 왕에게 넘어갔던 아나톨리아의 에게해 연안에 있는 몇 개 섬의 소유권 문제를 다루고 있다. 편지에는 오래전 어느 시점에 히타이트의 왕 투달리야가 앗수와의 왕을 전쟁에서 이기고 그를 복속시켰다는 내용이 나온다. 이는 「투달리야 연대기」의 기록과 일치하고, 틀림없이 앗수와 반란을 가리키는 것일 테니, 이 편지는 약 150년 전에 일어난 사건을 다루고 있는 셈이다.

이 편지는 손상되거나 누락된 부분도 있지만, 새로운 번역으로 보면, 앗수와 반란 전 어느 시점에 현재 아히야와 왕의 증조부와 앗수와의 공주가 정략결혼을 했고, 앗수와의 왕이 아히야와의 왕에게 지참금의 일부로 그 섬들을 넘겨주었던 것으로 보인다. 히타이트는 반란 당시 투달리야가 앗수와 군을 이겨서 앗수와의 섬들을 차지했다고 하지만, 이 편지를 쓴 아히야와의 현재 왕은 그 전쟁은 이 섬들이 이미 아히야와에 넘어간 뒤에 일어났다고 주장한다. 그리고 150년이 지난 지금 그는 외교적 수단을 통해 그 섬들을 되찾으려 시도하고 있는 것이다.

이 편지의 새 번역에 따르면 기원전 15세기 중반에 아히야와와 앗수와는 우호적인 관계를 맺고 있었고, 흥미롭게도 정략결혼이 있었던 것으로 보인다. 아히야와를 미케네로 보고, 트로이(윌루사)를 앗수와 연합의 일부로 보는 우리의 가설이 맞다면, 이 편지는 알렉산더/파리스와 헬레네가 만나기 수백 년 전부터 두 지역 간에 결혼 등의 우호적 관계가 존재했음을 보여주는 좋은 증거가 될 수 있다. 이 편지만으로는 이전의 번역들이 시사했듯이 미케네인들이 실제로 앗수와 반란에 참여했다는 사실을 입증할 수 없다. 하지만 하투사에서 발견된 청동 검의 명문을 보면 미케네인들이 어떤 식으로든 그 반란에 개입했고, 미케네와 트로이 연합군이 히타이트에게 패배했다는 사실을 알 수 있다.

아히야와를 언급한 다른 문서들과 아나톨리아 서해안에서 발굴된 도자기와 다른 유물들을 보면 기원전 14세기 내내 미케네인들은 이 지역과 연관이 있었음을 알 수 있다. 또한 기원전 13세기 초 또는 호메로스의 트로이 전쟁이 일어난 것으로 추정되는 13세기 중반부터 윌루사를 다룬 또 다른 기록들이 등장한다.

「알락산두 협약」과 기타 히타이트 문서들

이 중 가장 오래된 문서는 트로아드 지역 바로 남쪽에 있던 세하 강의 땅을 다스리던 마나파-타룬타(Manapa-Tarhunta)가 (무와탈리 2세로 추정되는) 히타이트 왕에게 보낸 것이다. 이 편지는 히타이트 숙련공들의 이반을 다루고 있는데, 그 과정에서 히타이트의 윌루사 공격을 언급한다: "폐하의 종인 마나파-타룬타[가 아뢰건대]: [폐하께 아뢰옵니다]: [지금은] [이 땅의] 상황이 괜찮습니다. [카수(Kassu)가] [여기로] 하티(Hatti)의 군대를 데리고 왔습니다. [그리고 그들이] 윌루사를 공격하러 돌아갔을 때 [저는 병으로 앓아누워 있었습니다.]"

무와탈리와 히타이트 군이 기원전 13세기 초에 윌루사를 공격한 이유는 알려져 있지 않다. 하지만 그 후 기원전 1280년경에 무와탈리와 윌루사의 알락산두가 작성하고 조인한 것으로 알려져 있는 협약서를 보면 그 후 히타이트가 앗수와 반란 직후에 그랬듯이 윌루사 및 그 주변 지역을 복속시킨 것을 알 수 있다.

이른바 「알락산두 협약서」는 윌루사와 히타이트 간의 안보 동맹을 담고 있다. 협약서에서 무와탈리는 이렇게 말하고 있다: "알락산두 왕께서는 저를 보호해주시고, 저의 아들과 손자를 보호해주시오. 저는 폐하의 부왕의 명에 따라 우호적인 마음으로 알락산두 당신을 보호했고, 당신을 돕기 위해 여기 와서 당신을 위해 당신의 적을 처치했소. 앞으로 저의 아들과 손자는 확실히 당신의 자손들을 보호할 것이오. 누가 당신을 공격해오면 저는 지금까지 그랬듯이 당신을 저버리지 않고 당신을 위해 그 적을 처치할 것이오."

협약서의 이 부분은 정말 흥미롭다. 무와탈리 자신이 왕위에 오른 후 과거 어느 시점에(기원전 1295~1272년)

알락산두를 돕기 위해 그의 적을 죽였다고 말하고 있기 때문이다. 이 말은 아마 사실일 것이다. 무와탈리가 양편 모두 알고 있는 최근의 사실을 왜곡하거나 틀리게 기억했을 리 없기 때문이다. 그런데 문제는 그가 처치한 알락산두의 적이 누구냐 하는 것이다. 안타깝게도 왕은 그 적의 이름도, 국적도 언급하지 않을 뿐 아니라, 그 사건에 관련된 구체적인 정황에 대해서도 말하지 않고 있다. 그는 단지 두 나라 사이에 존재하는 안보 동맹을 재삼 강조하고 있을 뿐이다.

그렇다면 우리는 윌루사의 왕 알락산두가 기원전 1280년 직전의 어느 시점에 적어도 두 번이나 전투에 참여했다는 히타이트 측의 기록을 갖고 있는 셈이다. 그중 한 번은 미지의 적과 싸워 승리를 거두었는데 그것은 오직 무와탈리와 히타이트 군의 지원 덕분이었다. 이 전투는 호메로스의 트로이 전쟁과 비슷한 시기에 일어났지만, 이 전쟁에서 알락산두가 상대한 적이 미케네인이라는 확실한 증거는 없다. 히타이트와 싸운 다른 전쟁에서 그는 패배했고, 그 결과 휴전 협정서에 조인해야 했다. 두 사건 모두 『일리아드』나 『서사시집』의 내용과 일치하지 않는다. 그렇다면 아무리 윌루사의 알락산두와 (위)일리오스의 알렉산더/파리스를

제2부 문학적 증거 연구

연결 짓고 싶더라도, 이 전쟁들과 협정서들을 확실히 연결시켜주는 증좌가 없으니, 호메로스가 이런저런 사실들을 잘못 그렸다고 가정하지 않는 한, 그럴 수는 없을 것이다.

「타와갈라와 서한」

아히야와가 언급되어 있고 윌루사가 등장하는 다른 두 편의 히타이트 기록 중 이른바 「타와갈라와 *Tawagalawa* 서한」이 특히 흥미롭다. 이 서한은 기원전 1267년에서 1237년 사이 하티를 통치한 하투실리 (Hattusili) 3세 또는 그보다 약간 전에 재위한 무와탈리 2세가 쓴 것으로 생각되고 있다. 현재는 이 서한의 세 번째 (그리고 아마 마지막) 점토판만 남아 있는데, 그 내용은 아히야와인과 긴밀한 관계를 유지했던 '히타이트의 변절자' 피야마라두(Piyamaradu)와 관련이 있다. 서한에 당시 아히야와 왕의 이름은 나와 있지 않지만, 그의 형제 타와갈라와가 등장한다. 당시 그는 아나톨리아 서부에 머물면서 그 지역의 반도(叛徒)들을 아히야와의 영토로 보내는 일을 돕고 있었다. 포러를 위시해 여러 학자가 이 타와갈라와는 바로 에테오클레스

(Eteokles, 그리스 이름 E-te-wo-ke-le-we)를 히타이트인들이 부른 이름이라고 주장해왔다.

이 편지에서 히타이트의 왕은 아히야와 왕을 (또는 점토판을) 통해 (피야마라두로 추정되는) 제3자에게 자기가 하고 싶은 말을 전하려 하고 있다. 그는 아주 구체적으로 이렇게 말하고 있다: "오, 형제여, 다른 건 몰라도 이 말만은 꼭 전해주시오. '나는 하티의 왕이 윌루사 문제와 관련해 얘기한 내용을 받아들였소. 우리는 그 문제에 대해 서로 적대적인 입장이었지만 이제 화해했소. 이제(?) 우리가 적대적인 입장에 선다는 것은 적절하지 않소.' 그에게 [이 말을] 전해주시오." 몇 줄 아래서 그는 다시 이렇게 말하고 있다. "윌루사 문제로 우리는 한때 적대적이었지만—[이제 화해를 했으니], 이제부터 어떻게 되는 것이오?"

이 서한은 지금까지 번역된 모든 히타이트 문서 중 하티와 아히야와가 적대적인 관계에 있었음을 보여주는 아주 드문 증거 중 하나다. 그리고 두 집단 간의 전투를 구체적으로 언급한 투달리야 1/2세 이후로 그런 내용을 담은 첫 번째 기록이다. 「알락산두 협약서」에도 알락산두의 적이 누구인지 구체적으로 나와 있지 않고, 그 적이 아히야와인들이 아닐 수도 있다. 그

114   제2부 문학적 증거 연구

리고 「타와갈라와 서한」에 등장하는 전쟁이 어떤 규모였는지도 알 길이 없다. 퀸즐랜드 대학의 트레버 브라이스(Trevor Bryce)는 이 협약서에 나오는 히타이트 단어가 "전면전, 한두 번의 접전 아니면 외교적 통로를 통해 벌어진 단순한 언쟁" 중 어느 것이든 나타낼 수 있다고 말한 바 있다. 『일리아드』에 그려진 사건들이 일어난 즈음에 히타이트와 아히야와인(즉, 미케네인) 사이에 또 다른 전쟁이 있었음을 보여주는 하나의 증거가 될 수도 있다.

윌루사의 월무

이 문제를 다룬 마지막 문헌적 증거는 기원전 13세기 후반에 히타이트의 마지막 왕 중 하나인 투달리야 4세가(재위 기간 기원전 1237~1209년) 쓴 것으로 추정되는 편지다. 편지의 내용이 주로 밀라와타(밀레투스) 및 변절자 피야마라두의 활동과 관련이 있기 때문에 「밀라와타 서한」이라고 불린다.

편지에서 히타이트 왕은 미지의 적에 의해 축출되었던 월무라는 이름의 월루사 왕을 (군사적으로 자기들에게 복속된 왕으로) 복구시키고 싶다고 말하고 있다: "그대여, 그대가 나의 안녕을 지켜주면 나도 그대의 호의를 믿겠네. 그대여, 내게 월무를 돌려주게. 그러면 나는 그를 다시 월루사의 왕으로 복위시키겠네. 그는 전처럼 월루사의 왕이 될 것이야. 그리고 전처럼 군사적으로 우리의 봉신이 될 것이야." 알락산두와 맺은 협정은 아직 유효한 상태인 게 분명하다. 히타이트인이 당대 그리고 그다음 대까지도 그의 후손을 돕겠다고 맹세했기 때문이다. 나중에 히타이트의 도움으로 되찾기는 했지만, 월루사의 왕이 반도들에게 왕위를 빼앗겼던 이 마지막 전쟁 때문에 호메로스가 트로이인이 전쟁에서 패배했다고 얘기했을 수도 있다.

『**월루시아드***Wilusiad*』

호메로스와 히타이트 얘기가 나왔으니 말인데, 하버드 대학의 캘버트 왓킨스(Calvert Watkins)는 1984년 브린모어(Bryn Mawr) 대학에서 열린 '트로이와 트로이 전쟁' 학회에서, 다른 히타이트 문서들에도 이른바 '월루사 전쟁'의 잔재들이 남아 있을 수 있다고 주장했다. 왓킨스는 그런 역사적 서사시가 있다면 그것은 그리스가 아니라 트로이나 히타이트의 관점에서 쓰였을 거라고

제2부 문학적 증거 연구

표 1 히타이트 기록에 나타난 트로이(윌루사) 전쟁들

사건	윌루사의 지배자	히타이트의 왕	대강의 연대	결과
앗수와 반란의 두 단계	피야마─쿠룬타와 그의 아들 쿠쿨리	투달리야 1/2세	기원전 1430~1420년	부왕은 하투사로 귀양, 왕자는 처형됨
작군과 히타이트인의 공격	알락산두	무와탈리 2세	기원전 1280년	처음에는 히타이트의 원조를 받다가 나중에는 그들에게 패배함
윌루사를 둘러싼 히타이트와 아히야와의 갈등	??	하투실리 3세	기원전 1267~1237년	갈등이 해소됨
작군의 공격	월무	투달리야 4세	기원전 1237~1209년	작군에 의해 폐위되었다가 나중에 히타이트에 의해 복위됨

추정했다.

월루사 전쟁은 당시 아나톨리아 전역에서 사용되던 언어 또는 방언인 루비어로 기록되었을 텐데, 현재 남아 있는 것은 두 줄뿐이다. 히타이트의 의식용 문서에 삽입되고 인용된 한 줄은, "[그리고 그들은 노래하네:] 그들이 가파른 월루사에서 왔을 때"이다. 이 행은 『일리아드』에서 트로이를 무려 여섯 번이나 '가파른 일리오스'라고 묘사한 호메로스의 언어를 상기시킨다. 또 다른 히타이트 문서에 삽입되어 있는 두 번째 행은, "그 사람이 가파른 [월루사…]에서 왔을 때"로 추정되고 있다.

안타깝게도 지금까지 발견된 것은 이 두 줄뿐이다. 하지만 유럽과 미국 여러 곳에 소장된 히타이트 문서들이 학자들의 번역을 기다리고 있으니 앞으로 더 많은 행이 나타날 수도 있다.

추정

월루사와 ⒆일리오스/트로이, 아히야와와 아케아인/미케네인, 알락산두와 알렉산더/파리스를 동일시하는 이 가설들은 학자들의 추정에 근거하고 있다. 정도는 다르지만, 이 가설은 모두 개연성이 있다. 그중 일부는 백 년 넘게 학술적 논쟁의 대상이 되고 있다. 어떤 가설은 개연성이 거의 없지만, 어떤 것은 사실일 가능성이 아주 높다. 말할 필요도 없지만 이 가설들이 모두 허구로 판명될 수도 있다. 그러면 트로이 전쟁은 그저 하나의 이야기에 불과할 것이다. 하지만 대부분의 학자들은 이 중 일부 또는 전체, 특히 아히야와와 아케아인들을 동일 집단으로 보는 가설을 선호한다. 그 둘을 같은 집단으로 보면, 히타이트의 문서들을 이용해 트로이 전쟁이 한 번이 아니라 여러 번 일어났다는 설을 입증할 수 있기 때문이다.

그렇다면 히타이트 점토판에 나오는 이 네 차례 이상의 전쟁 중 어느 것이 호메로스가 그린 트로이 전쟁일까? 아니면 그 전부가 호메로스와 무관할 수도 있다. 이 전쟁들 중 적어도 두 번, 어쩌면 네 번 모두 어떤 식으로든 미케네(아히야와)인과 관련이 있어 보인다. 하지만 현재로서는 이 중 어떤 전쟁이 호메로스와 그리스 『서사시집』에 등장하는 전쟁인지(전부 다 아닐 수도 있고), 그 작품들이 수백 년 동안 간헐적으로 벌어진 히타이트와 아히야와(미케네)인들 간의 분쟁을 반영한 것인지, 즉 수많은 전쟁을 뭉뚱그려서 하나의 '모든 전쟁을 종식시킬 전쟁'으로 그린 것인지, 확실하게 알 길이 없다.

아직 그 모든 의문에 대한 결론이 나지 않은 상태이니, 이번에는 청동기 시대에 고대 트로이 유적지라는 히살릭을 파괴시킨 몇 번의 공격을 시사하는 고고학적 증거들을 검토해보자. 그 오래된 언덕에는 아홉 개의 도시가 층층이 쌓여 있는데, (히살릭이 트로이가 맞다면) 이 중 어느 층이 호메로스가 사랑과 전쟁의 장대한 서사시 『일리아드』에서 불멸화한 트로이인지 살펴보기로 하자.

제3부

고고학적
증거 연구

제5장

초기 발굴자들:
하인리히 슐리만과 빌헬름 되르프펠트

———

트로이 발견의 이야기는 부정확하지만 통상 '미케네 고고학의 아버지'라고 불리는 19세기의 사업가 하인리히 슐리만의 이야기와 불가분의 관계를 맺고 있다. 슐리만은 자수성가한 독일의 백만장자로 고고학 사상 가장 운 좋은 인물 중 하나이다. 그는 독학으로 고고학을 배운 '아마추어'로, 오늘날 대부분의 학자들이 고대 트로이라고 추정하는 유적지를 처음으로 광범위하게 발굴한 성공담의 주인공이다. 그는 온갖 난관을 극복하고, 트로이 전쟁은 꾸며낸 이야기고, 따라서 고대의 트로이는 존재하지 않는다고 믿던 당시 대부분의 학자들에 맞서 그런 위업을 이뤄냈던 것이다. 슐리만은 또 아가멤논과 그의 군대의 흔적을 찾기 위해 미케네와 티륀스를 성공적으로 발굴했다.

하지만 최근의 연구에 의하면, 슐리만은 발굴일지를 조작하고, 사업이나 사생활에 대해 거짓말을 일삼은 악당이기도 했다. 고고학 분야를 예로 들면, 그는 처음에 프랭크 캘버트(Frank Calvert)에게서 히살릭-고대 트로이 유적지에 대해 알게 되었다는 사실을 숨겼고, 프리엄의 것도 아니고 보물도 아닌, 그냥 트로이 전쟁에서 1000년이나 앞선 시대에 제작된 귀중한 물건들인 이른바 '프리엄의 보물'의 발견에 대해 완전히 근거 없는 이야기를 지어냈다.

슐리만의 탐색

슐리만은 백만장자가 되어 사업에서 은퇴한 45세 무렵 트로이를 찾기 시작했다. 그는 일곱 살 때부터 늘 트로이를 찾아 트로이 전쟁이 실제로 일어났었다는 것을 입증할 기회를 기다려왔다고 주장했다. 『일리오스: 트로이인들의 도시와 시골*Ilios: the City and Country of the Trojans*』(1881)이라는 책에서 그는 1829년 아버지가 크리스마스 선물로 준 책에서, 아이네이아스가 늙은 아버지를 등에 업고, 어린 아들을 품에 안은 채 불타는 트로이를 빠져나가는 모습을 그린 목판화를 본 적이 있다고 말하고 있다.

슐리만은 아버지에게 아이네이아스는 정말 그렇게 트로이를 탈출했고, 트로이는 실제로 존재했을 거라고 말했다. 그렇지 않다면 화가가 그런 판화를 만들 수 없었을 것이기 때문이었다(일곱 살 아이다운 논리와 추론이다). 그러고는 자기는 자라서 반드시 트로이를 찾겠다고 말했다. 정말 멋진 이야기고 지금도 많은 사람이 슐리만에 대해 얘기할 때 이 일화를 거론한다. 그런데 안타깝게도 그런 일은 일어나지 않았던 것 같다. 이 일화는 슐리만의 일기나 다른 책에 전혀 등장하지 않다가, 그가 트로이를 발견하고 트로이 전쟁이 실제로 일어났다고 온 세상에 선포한 다음에 비로소 등장했기 때문이다. 현재 대부분의 학자들은 왜 그랬는지는 모르지만 슐리만이 상당히 나이 든 후에 이 이야기를 지어낸 것으로 보고 있다.

슐리만은 사업으로 많은 돈을 벌었다. 먼저 크리미아 반도에서 인디고 물감, 차, 커피, 설탕을 팔아 큰돈을 번 다음, 1851~1852년 캘리포니아에서 금 거래로 거액을 벌어들였다. 캘리포니아 주 새크라멘토에서

제3부 고고학적 증거 연구

은행가/중개인으로 활동하면서 그는 광부들에게 사금(砂金)을 사서 샌프란시스코에 있는 대리인을 통해 로스차일드가에 팔아넘겼다. 싼 값에 사서 비싸게 팔았는데, 혹자에 의하면 무게를 속이기도 했다는 설이 있다. 선적하는 사금의 양 때문에 고소당한 슐리만은 체포되기 직전 무려 200만 달러의 돈을 갖고 캘리포니아를 떠났다.

슐리만은 평생 일기를 썼는데, 그가 미국에 있던 1851~1852년도 예외는 아니었다. 그런데 슐리만에게는 안된 일이지만, 이 기간에 쓰인 몇 항목을 보면 그는 일기를 쓸 때도 거짓말을 했다. 예컨대 1851년 6월 샌프란시스코 대화재를 목격하고 기록한 내용도 아주 수상쩍다. 실제로 불이 난 것은 그로부터 한 달 전이었고, 당시 슐리만은 샌프란시스코가 아니라 새크라멘토에 있었기 때문이다. 캘리포니아 주립대학(데이비스 캠퍼스)의 데이빗 트레일(David Traill) 교수의 조사에 의하면, 슐리만은 『새크러멘토 데일리 유니언*Sacramento Daily Union*』 제1면에 실린 기사를 글자 하나 안 바꾸고 그대로 일기장에 베껴 넣고, 자기가 화재 현장에 있던 것처럼 살짝 기사 내용을 바꾸어 적은 것으로 판명되었다.

일리노이 대학의 윌리엄 콜더(William Calder Ⅲ) 교수가 '날조된(invented) 일화들'이라고 부른 이런 항목 중에는 1851년 2월에 쓴 리셉션 이야기도 있다. 슐리만은 일기장에 그날 워싱턴에 갔다가 한 시간 반 동안 화려한 리셉션에 참석해 밀러드 필모어(Millard Fillmore) 대통령과 얘기를 나누었다고 적고 있다. 그런데 콜더와 트레일 교수가 지적한 대로 이 사건은 완전히 불가능한 얘기는 아니지만, 영어를 능숙하게 말하긴 하지만 겨우 28살 먹은 낯선 독일인과 대통령이 얘기를 나누었을 가능성은 별로 없어 보인다. 샌프란시스코 화재 항목과 마찬가지로 이날도 슐리만은 신문 기사를 옮겨 적고 자기를 그 안에 포함시킨 것 같은 느낌을 준다.

슐리만이 실제로 미국 시민권을 신청한 것은 거의 20년 후인 1869년 3월 말 뉴욕에 도착했을 때였지만, 1851년 새크라멘토에 사는 동안 그는 시민권을 따고 싶다는 편지를 보냈다. 그런데 시민권을 따려면 슐리만이 지난 5년 동안 계속 미국에 거주했고, 뉴욕에 1년 이상 거주했다고 증언해줄 사람이 필요했다. 그는 존 볼런(John Bolan)이라는 사람을 설득해 그런 거짓 증언을 하게 했고, 결국 뉴욕에 도착한 지 이틀 만에 시민권을 취득했다.

제3부 고고학적 증거 연구

그로부터 며칠 후인 1869년 4월 초, 슐리만은 당시 가장 느슨한 이혼법을 갖고 있던 인디애나로 이사 가서, 첫 부인인 카타리나(Katarina)와의 이혼을 신청했다. 세 명의 자녀를 낳아 하나를 어려서 잃은 카타리나는 당시 독일에 거주하고 있었다. 인디애나의 이혼법상 그 주에서 일 년을 살아야 이혼할 수 있었지만, 슐리만은 이사 온 지 세 달 만에 이혼 판결을 받았다. 뉴욕에서 그랬듯이 인디애나에서도 그런 내용으로 거짓 증언을 해줄 사람을 구했을 가능성이 농후하다.

그 와중에도 슐리만은 트로이 전쟁이 실제로 일어났음을 입증해줄 고대 트로이의 유적지를 찾는 작업에 몰두하고 있었다. 일 년 전인 1868년, 그는 이타카(Ithaca)와 그리스의 미케네를 거쳐 터키를 방문했다. 터키에 머무는 동안 그는 여러 발굴자가 트로이 유적이라고 생각한 부나르바시(Bunarbasi), 바르다(Balli Dagh) 등 여러 둔덕을 둘러보았다. 그러던 어느 날 터키 주재 미국 부영사인 프랭크 캘버트를 만났는데, 캘버트는 본인이 트로이를 찾았다고 주장했다. 실제로 그는 히살릭이라는 고대 유적지의 일부분을 구입해서 이미 몇 군데 파본 상태였다. 물론 히살릭이 청동기 시대 트로이의 유적지라고 생각한 것은 캘버트가 처음은 아니었다. 슐리만이 태어난 1822년, 여러 지리학회의 회원이었던 스코틀랜드의 기자 찰스 매클라렌(Charles Maclaren)도 자신의 책에서 최초로 그런 주장을 제기한 바 있었다. 캘버트는 슐리만에게 둘이서 같이 히살릭을 발굴하자고 했다. 유적지는 있지만 돈이 없는 캘버트와 달리, 돈은 있지만 발굴할 유적지가 없던 슐리만은 선뜻 그 제안을 받아들였고, 결과적으로 볼 때 정말 보람 있는 동업이었다.

수상하고 어쩌면 불법적인 수단을 동원해 몇 달 전 미국 시민권과 이혼 판결을 받은 슐리만은 1869년 9월 미국에서 돌아오자마자 아테네에서 소피아 엔가스트로메노스(Sophia Engastromenos)와 결혼했다. 슐리만은 47세, 그녀는 16세였다. 부부는 두 남매를 두었는데, 딸은 안드로마케, 아들은 아가멤논이었다.

1870년 4월, 슐리만은 터키 당국으로부터 발굴 허가도 받지 않은 상태에서 히살릭을 발굴하기 시작했고, 1871년에 작업을 재개했다. 하지만 본격적인 발굴은 1872년에야 시작되었다. 슐리만은 3천 년이나 된 도시라면 아주 깊은 곳에 묻혀 있을 거라고 생각했기 때문에, 둔덕 중앙에 135미터 깊이의 구멍을 판 다음 가능한 한 깊고 빠르게 파 들어가라고 지시했다. 인부들은 하나, 둘, 세 개의 도시를 파 들어갔고, 슐리만은 자신이 고용한 건축가 빌헬름 되르프펠트(Wilhelm Dorpfeld)의 도움으로 층층이 쌓인 여러 개의 도시들을 찾아냈다. 그는 히살릭에 여섯 개, 그리고 어쩌면 일곱 개의 도시가 쌓여 있다고 생각했다. 그 후 백 년 넘게 발굴해본 결과 그 둔덕에는 각각 나름의 중간 단계와 재정비의 흔적을 지닌 총 아홉 개의 도시가 있는 것으로 밝혀졌다. 하지만 당시 슐리만이나 되르프펠트는 그렇게 많은 층이 있다는 것은 알지 못했다.

트로이 2층과 프리엄의 보물

슐리만은 자신이 '불탄 도시'라고 명명한 그 층이 프리엄의 트로이라고 굳게 믿었다. 처음에 그는 현재 트로이 2층이라고 알려진 그 층이 두 번째 층인지, 세 번째 층인지 확실히 알지 못했다. 그는 애초에 그 층이 두 번째 도시라고 생각했지만, 캘버트를 비롯한 여러 사람의 말을 듣고 자신의 저서 『일리오스』(1881)에서 그곳을 세 번째 도시라고 말했다. 그런데 그로부터 1년 후인 1882년, 되르프펠트는 슐리만이 원래 생각한 대로 그곳은 세 번째가 아니라 두 번째 층이라는 것을 밝혀냈다. 이름이야 어떻든 슐리만은 바로 그곳이 미케네인들이 10년 동안의 전쟁 끝에 트로이의 목마를 써서 함락시킨 바로 그 도시라고 생각했다. 프리엄의 보물을 찾아낸 1873년의 발굴 이후, 슐리만은 그 생각이 옳다는 확신을 갖게 되었다.

프리엄의 보물 발견에 대해 슐리만 자신이 쓴 글을 보면, 5월 말의 어느 날 아침, 발굴 작업을 지켜보며 현장을 돌아다니다가 그는 갑자기 한 인부가 구리로 된 커다란 물체를 캐내는 것을 보았다. 그리고 그 뒤쪽에서는 금으로 된 뭔가가 번뜩였다. 슐리만은 아직 시간이 안 되었는데도 얼른 아침 식사 시간이라고 선언한 뒤, 인부들이 식사하는 동안 아내를 불러 "큰 칼로 그 보물을 캐냈다"고 했다(그림 4).

슐리만은 본인이 소피아와 둘이서 심각한 위험을 무릅쓰고(높은 흙더미가 언제든 무너지면서 그들을 덮칠 수 있었다) 청동, 은, 금으로 된 그릇과 보석 등을 캐냈다고 했다. 그런 다음 소피아는 작은 유물들을 앞치마인지 숄에 담아 집으로 가져갔고, 자신은 큰 물건들을 옮겼다는 것이다.

집에 도착한 두 사람은 곧바로 목록을 만들었다. 구리로 된 방패와 항아리, 금, 은, 호박금(琥珀金: 고대 그리스

그림 4 하인리히 슐리만이 트로이에서 발굴해 전시한 '프리엄의 보물' 사진. 이 유물들은 프리엄의 시대로 추정되는 청동기 후기가 아니라 그로부터 1천 년 전, 즉 청동기 전기 작품들로 밝혀졌다.

에서 화폐로 쓴 호박색의 금은 합금-역주), 열세 개의 창촉, 열네 개의 전투용 도끼, 단검들, 칼 그리고 구리와 청동으로 된 유물들, 두 개의 왕관과 머리띠, 60개의 귀고리, 거의 9,000개의 작은 장식품 등 금으로 된 물건들이 있었다. 목록이 완성되자 두 사람은 몇 개의 큰 나무함에 유물들을 모두 담은 뒤 터키 밖으로 빼낸 다음 에게 해를 건너 아테네에 있는 자기 집으로 싣고 갔다. 유물을 들고 무사히 그리스에 도착한 슐리만은 거기 있는 금 장신구로 아내를 치장시킨 다음 그녀의 사진을 찍고, 자신이 프리엄의 보물을 발견했다고 발표했다.

슐리만이 일기처럼 개인적인 글에서도 거짓말을 했던 전력을 생각하면, 전문적인 분야, 특히 발굴 일지에 적힌 내용 역시 곧이곧대로 믿을 게 아니라 신중하게 검토할 필요가 있다. 그동안의 연구에 따르면 프리엄의 보물 발견 얘기도 많은 문제점을 안고 있다. 그중 제일 먼저 밝혀둘 것은 그가 보물을 발견했다고 말한 그날 소피아는 트로이에 있지도 않았다. 슐리만 자신의 일기를 보면 그날 소피아는 아테네에 있었다. 본인도 나중에 이 사실을 인정하면서 자신의 삶을 아내와 같이 하고 싶은 마음이 너무 크고, 아내로 하여금 자기가 그토록 좋아하는 발굴 사업에 좀 더 흥미를 갖도록

제3부 고고학적 증거 연구

하기 위해 그 이야기에 아내를 끼워 넣은 거라고 주장
했다.

최근 들어 프리엄의 보물은 많은 학자들의 관심을
끌었다. 그들의 연구 결과에 따르면, 이 유물들은 프리
엄의 보물일 가능성이 전혀 없다. 슐리만은 이 보물들
을 '불 탄 도시', 즉 트로이 2층에서 찾았다고 말했는
데, 그 층은 최근 연구에 의하면 기원전 2300년경의 유
적이다. 실제로 이 '보물'에 들어 있는 유물들은 동쪽
으로 (현재의 이라크인) 메소포타미아 우르(Ur)의 이른바
'죽음의 구덩이'부터 서쪽으로 에게 해의 렘노스 섬에
있는 폴리오크니(Poliochni) 유적지까지 아주 넓은 지역
에서 발견된 유물들과 아주 비슷하고, 대략 같은 시기,
즉 기원전 23세기 중반에 제작된 것으로 보인다. 그렇
다면 이들은 프리엄이나 헬레네 그리고 트로이 전쟁
과 관련된 어떤 인물보다 천 년 이상 앞선 시기의 사람
들이 쓰던 물건인 셈이다.

게다가 많은 학자는 슐리만이 이 보물 발견 이야기
전체를 꾸며낸 거라고 생각하고 있다. 그날 아테네에
있었던 소피아를 트로이에 있었다고 주장한 정도가
아니라, 보물의 존재 자체가 허구라는 것이다. 슐리만
이 이 유물들 전체를 트로이에서 발굴한 건 맞지만, 한

그림 5 '프리엄의 보물'에 들어 있는 장신구들을 착용한 소피아 슐리만. 이것들
은 프리엄이나 트로이 전쟁보다 1천 년 앞선 시대의 유물들로 밝혀졌다.

꺼번에 그 전부를 발견한 것은 아닌 것 같다는 것이다. 발굴 시즌 내내 유적지 전역에서 조금씩 발견한 유물들을 모으다가, 세상을 놀라게 할 정도로 많은 양이 되자 하나의 엄청난 '보물'로 포장해 발표했다는 게 많은 학자들의 생각이다. 아이러니한 것은 슐리만이 이 유물들에 '프리엄의 보물'이라는 엉뚱한 이름을 붙이지 않았으면 이것들은 현재만큼의 가치도, 흥미도 갖지 못했을 것이라는 사실이다. 하지만 뛰어난 흥행사였던 슐리만은 맞든 틀리든 이런 이름을 붙여야 세상 사람들이 자신이 발굴하고 있는 유적지와 트로이를 발견했다는 주장에 관심을 가질 것임을 알고 있었고, 실제로 그렇게 되었다.

그 후 슐리만은 이 유물들을 독일로 가져갔고, 이것들은 제2차 세계대전 말까지 베를린 박물관에 소장되어 있다가 거의 50년 동안 종적이 묘연했다. 1990년 대초, 러시아 정부는 자기들이 전쟁 보상금의 일부로 그 유물들을 모스크바로 싣고 갔음을 인정했다. 현재 이것들은 푸쉬킨 박물관에 전시되어 있다.

슐리만은 아홉 도시 중 두 번째 층이 프리엄의 트로이인 '불탄 도시'라고 생각했기 때문에, 특히 1870년 초에 그 위에 있는 층들을 급히 파내려갔다. 그는 1879년과 1880년에 이루어진 발굴 작업에서는 훨씬 조심해서 팠고, 학자들의 조언에도 귀를 기울였지만, 2층보다 나중에 건설된 이 위층에서 나온 유물들은 그냥 폐기된 경우가 많았다. 나중에 밝혀진 것이지만, 이건 정말 안타까운 일이었다. 그는 만년에야 여러 학자는 물론 되르프펠트의 조언 그리고 자신이 그리스 본토의 미케네와 티륀스에서 발굴한 유물들을 보고 2층은 프리엄의 도시가 아니라는 것을 깨달았다. 트로이 2층은 그보다 천여 년 전에 사용된 도시였고, 트로이 6층이나 7층이 트로이 전쟁 당시에 있었던 도시였다.

슐리만은 나중에 이 사실을 깨달았다. 미케네와 티륀스를 발굴하는 과정에서 본인이 트로이 6층과 7층에서 찾아낸 것과 같은 종류의 미케네 도자기들을 발견했기 때문이다. 그렇다면 이 두 층은 그 도시들과 똑같이 청동기 후기에 속한다는 뜻이었다. 이는 프랭크 캘버트 등 여러 학자들이 오래전부터 그에게 그리고 여러 사람에게 역설해온 얘기였다. 안타깝게도 슐리만은 이 사실을 너무 늦게 깨달았다. 그의 인부들은 그가 찾고 싶었던 건물들과 유물들을 이미 파괴하거나 폐기해버렸기 때문이다. 그 이후의 그리스인과 로마인들은 신전이나 다른 건물들을 지을 때 둔덕 윗부분을 깎아내곤 했는데, 헬레니즘 시대의 그리스 및 로마 인들의 그런 관행 때문에 프리엄의 트로이는 슐리만 이 생각했던 것보다 훨씬 위쪽에 있었던 것이다.

슐리만은 그 후 히살릭에서 또 다른 발굴을 준비했 지만, 작업을 시작하기도 전, 1890년 크리스마스 날 나 폴리의 번잡한 거리에서 쓰러진 뒤, 이튿날 숨을 거두 었다. 그의 시신은 아테네로 운구된 후 영예로운 자리 인 제1 묘지에 묻혔다. 묘 위에는 작은 그리스 신전 모 양으로 된 기념비가 세워졌는데, 그 벽에는 트로이 전 쟁 및 트로이, 미케네와 티륀스에서 그가 행했던 발굴 장면들이 그려져 있고, 그중 한 구석에는 『일리아드』 를 든 슐리만의 모습이 그려져 있다.

되르프펠트와 트로이 6층

슐리만이 세상을 떠난 후, 그가 고용했던 건축가 빌 헬름 되르프펠트가 소피아 슐리만의 부분적인 재정 지 원으로 히살릭 발굴의 책임자가 되었다. 그는 1893년 과 1894년, 두 차례 발굴했는데, 주로 트로이 6층에서 작업이 이루어졌다. 트로이 6층은 기원전 1700년경 처 음 사람이 살기 시작해 완전히 파괴될 때까지 수백 년 동안 수많은 보수가 이루어졌고, 그 결과 최소한 여덟 번의 단계가 존재하는데, 고고학자들은 이들을 a~h로 구분하고 있다.

슐리만은 히살릭 성채의 가운데 부분은 많이 발굴했지만 가장자리는 건드리지 않았다. 되르프펠트는 바로 이 부분을 발굴하는 데 많은 시간과 돈, 정력을 바쳤다. 이런 그의 노력은 트로이 6층의 성채를 둘러싸고 있는, 호메로스의 영웅시에 어울릴 만한 거대한 화강암 방벽이 발견되면서 결실을 거두었다.

되르프펠트는 이 성벽의 약 270미터를 발굴했다. 그는 또 성으로 들어가는 문들과, 그때까지 완벽하게 보존된 채 서 있는 7.5미터에 달하는 망루도 찾아냈다. 오늘날 히살릭/트로이에 가면 바로 이 방벽의 잔해가 보인다(그림 6). 호메로스는 파트로클로스가 성벽을 기어오르는 장면에서 윗부분이 뒤쪽으로 기울어진 모습을 묘사하고 있는데(『일리아드』 16장 702~703행), 성채 안쪽 벽과 도시의 바깥쪽 벽을 혼동한 것 같은 부분도 있지만, 그래도 지금 남아 있는 성벽과 이런저런 세부까지도 일치하는 묘사를 선보이고 있다.

트로이 6층의 여러 단계 중 맨 마지막 단계, 즉 트로이 6h층이 가장 인상적이다. 성채를 둘러싸고 있는 높

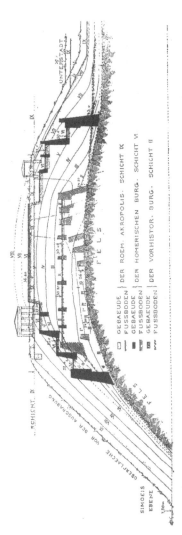

그림 6 빌헬름 되르프펠트가 생각한 토로이의 단면도로, 아홉 개의 도시가 층층이 쌓여 있다. 맨 위에 있는 점선은 헬레니즘 시대의 그리스인과 로마인들이 깎아낸 것으로 추정되는 청동기 시대 유적. 이 때문에 슐리만은 프리암 시대 토로이의 위치를 잘못 추정했다.

은 성벽과 석탑들도 그렇지만, 성안에는 아름다운 저택들과 궁전이 늘어서 있었다. 트로이는 에게해에서 흑해로 가는 통로인 헬레스폰트 해협을 내려다보는 부유하고 매력적인 도시였고, 무역과 조세를 통해 많은 돈이 유입되고 있었다. 그 당시 트로이는 비록 미케네보다는 못했지만 그 부와 외국과의 교류에 있어 어느 미케네 국가 못지않은 위상을 누리고 있었다. 헬레스폰트의 바람과 조류 때문에 흑해로 가는 선박들은 풍향이 바뀔 때까지 때로는 몇 주씩 트로이에 머물러야 했고, 선원들과 상인, 외교관, 군인 등 배의 승객들은 트로이와 그 옆에 있는 항만 베식테페(Besiktepe)에서 그 기간을 보냈다.

고고학자들이 트로이 6층에서 발굴한 유물들을 보면 트로이의 부유함을 짐작할 수 있다. 슐리만이 세상을 떠난 후 되르프펠트가 진행한 세심한 발굴과, 그 뒤 칼 블레겐, 만프레드 코르프만(Manfred Korfmann) 같은 고고학자들의 작업에서 메소포타미아, 이집트, 키프로스에서 수입된 물건들이 발견되었다. 슐리만, 특히 되르프펠트, 그 밖에 트로이 발굴에 참여한 모든 연구자들은 또한 미케네 도자기들을 발견했다. 트로이 6층에서 미케네 유물들이 나온 것이 이상해 보일지 모르지

제3부 고고학적 증거 연구

만, 아가멤논과 그의 군대가 10년이나 그 성을 포위 공격했을 수 있고, 호메로스 자신도 작품 속에서 전쟁 전에는 미케네인들과 트로이인들이 우호적인 관계 속에서 서로 물건을 사고파는 무역 파트너였다고 쓴 걸 생각하면 그리 놀라운 일도 아니다.

되르프펠트는 트로이 6층의 여러 층을 조사한 다음 그 도시가 수백 년 동안 번성하다가 결국 파괴되었다는 사실을 발견했다. 그는 미케네인이 트로이를 함락시킨 다음 완전히 불태워버렸고, 이 사건이 『일리아드』와 『오디세이아』의 토대가 되었다고 생각했다. 그리고 이 발견으로 호메로스와 트로이 전쟁을 둘러싼 논쟁은 막을 내릴 거라고 믿었다. 그는 『트로야와 일리온*Troja und Ilion*』(1902)에서 "트로이의 존재 여부와 그 위치에 대한 기나긴 논쟁은 끝이 났다. 트로이인이 이겼고… 슐리만의 주장이 사실로 판명되었다"라고 썼다.

그런데 되르프펠트의 생각과 달리, 트로이 6층을 파괴한 것은 인간이 아니라 대자연이었을 수 있다.

제6장

다시 히살릭으로:
칼 블레겐과 만프레드 코르프만

———

칼 블레겐은 되르프펠트가 "기나긴 논쟁은 끝이 났다"고 주장한 지 30년 후인 1932년에 신시내티 대학 팀을 이끌고 히살릭 발굴을 시작했다. 그동안 히살릭은 발굴하는 팀이 없었다. 세계 어느 나라에 있든 그처럼 유명한 유적지는 발굴이 중단되는 경우가 많다. 그런 곳을 오랫동안 발굴하려면 엄청난 노력과 자금, 준비가 필요하기 때문이다. 그뿐 아니라 특별히 중요하다고 평가받는 유적지의 경우, 해당 국가에서 발굴 허가를 얻는 데 몇 달, 몇 년이 걸리기도 한다.

블레겐은 트로이 6층을 프리엄의 트로이라고 본 되르프펠트의 견해에 동의하지 않았다. 그는 트로이 6층의 맨 윗부분이 인간이 아니라 대자연, 특히 지진에 의해 파괴되었다는 확실한 증거가 있다고 생각했다. 그래서 트로이 6층이 아니라 그다음 층인 트로이 7a층이 프리엄의 트로이라고 믿었다.

블레겐은 상당한 인기를 끌었던 『트로이와 트로이인들*Troy and the Trojans*』(1963)에서 자기 팀이 트로이 6층에 있는 여러 층의 발굴을 재개한 당시 그곳의 상황을 묘사한 바 있다. 둔덕의 윗부분은 헬레니즘 시대와 로마 시대에 아테네 신전 신축 등 여러 공사 때문에 깎여 나갔고, 그나마 남아 있던 부분은 슐리만이 깎아냈지만, 성벽 바로 안쪽에 있는 가장자리 부분에는 5~6미터 깊이의 퇴적물이 손상되지 않은 상태로 남아 있었다. 블레겐이 '엄청난 퇴적물'이라 부른 이 부분에는 트로이 6a층부터 6h층까지 여덟 층이 쌓여 있었다.

블레겐은 이 여덟 층이 처음부터 끝까지 문화적 단절 없이 지속된 트로이 6층의 역사를 담고 있음을 발견했다. 다시 말하면, 트로이 주민들은 수백 년 동안 외부로부터의 개입으로 인한 문화적 단절 없이 자신들의 도시를 재조직하거나 개조하며 살아갔다는 것이다. 시간이 흐르면서 건축 양식과 도자기의 형태는 바뀌었지만, 전체적으로 볼 때 트로이인이 여러 세대에 걸쳐 이

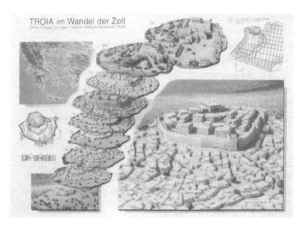

그림 7 고대 히살릭 둔덕에 묻혀 있는 트로이 1~9층. 오른쪽은 트로이 6층을 확대한 모습이다.

도시에 거주했다는 것은 명백하다. 기원전 15세기 후반이나 14세기 초에 해당하는 트로이 6f층처럼 화재로 인한 소규모의 파괴나 교란이 있었던 때도 있지만, 전반적으로 볼 때 트로이 6층은 새로운 주민이나 침략자들이 대거 들어온 적 없이 전 기간 내내 동일한 문화를 유지했던 것으로 보인다.

그다음 단계, 즉 고고학자들이 트로이 7a층으로 명명한 시기 역시 이전 시기와 비슷한 문화적 연속성을 보여준다. 실제로 되르프펠트와 블레겐 두 사람 모두 7a층은 새로운 도시가 아니라, 트로이 6h층의 담들을

제3부 고고학적 증거 연구

복구하고 집들을 다시 지은 것뿐이라고 주장했다. 블레겐이 히살릭을 발굴하고 있던 1932~1938년의 기간 동안 되르프펠트는 트로이 7a층은 사실 트로이 6i층으로 불려야 한다고 주장한 바 있다(1935년). 즉 7a층은 새로운 도시의 첫 단계가 아니라 트로이 6층의 아홉 번째 단계라는 것이다. 하지만 블레겐이 말했듯이 "발굴 결과를 보면 이 말이 맞지만… 오랫동안 이 이름에 익숙해진 사람들에게 혼란을 초래할까 봐 그냥 기존의 명칭을 쓰기로 했다." 블레겐보다 50년 후에 트로이를 발굴한 만프레드 코르프만 역시 비슷한 말을 했다: "그 앞 단계와의 유사성 때문에 되르프펠트까지도 7a층은 트로이 6층, 즉 6i층으로 불려야 한다고 말했다… 최근의 발굴 결과를 보면 나 역시 그 분류를 선호한다."

지진의 증거

블레겐은 여러 면에서 되르프펠트와 같은 생각을 했는데, 그중 하나가 바로 트로이가 6h층 시기 말에 파괴되었다는 것이다. 파괴의 방식과 원인에 대해서는 두 사람의 생각이 달랐지만, 블레겐도 발굴 결과 엄청난 화재와 파괴의 흔적들을 발견했기 때문이다. 블레겐에 따르면 당시 트로이가 미케네인이나 다른 외부인에 의해 파괴되었다는 증거, 즉 어떤 침략의 흔적이나 새로운 형태의 도자기 등 큰 변화의 흔적은 없다고 한다.

트로이 7a층에서는 심지어 미케네 도자기들도 발견되었는데, 대부분 트로이인이나 거기 살고 있던 미케네인이 만든 것이다. 트로이 6층 말기에 미케네인이 호메로스가 묘사한 것처럼 이 도시를 완전히 파괴하고 불태웠다면 그런 도자기들이 남아 있을 수 없을 것이다. 발굴된 유물들을 보면 트로이 7a층의 거의 전 기간 동안(100년 이상) 미케네인은 트로이인과 교역하거나 적어도 접촉을 유지하고 있었던 것 같다. 블레겐은 이런 증거들을 바탕으로 트로이 6층의 마지막 단계에서 어떤 재앙으로 인해 도시가 파괴된 후 살아남은 주민들은 도시를 재건하고 다시 전처럼 살아갔다는 결론을 내렸다. 즉, 이런저런 건물들이 지어지고 보수되면서 400년 넘게 지속된 이 6층의 새로운 단계로 넘어갔다는 것이다.

이처럼 되르프펠트는 미케네인이 트로이를 함락시켜 완전히 잿더미로 만들었고, 그 사건이 호메로스 시의 토대가 되었다고 생각한 반면, 블레겐은 트로이 6h층과 7a층의 연속성을 근거로 그 가설에 정중히 반대

제3부 고고학적 증거 연구

했다. 그는 트로이 6h층은 인간이 아니라 지진에 의해 파괴되었다고 생각했다. 그렇다면 이건 처음 있는 일도 아니었다. 그 전에 존재했던 트로이 3층, 4층, 5층에도 지진의 흔적이 남아 있는 데다, 히살릭 유적지는 1990년 대 후반 이 지역을 강타한 지진에서 보듯(1999년 8월 17일 이스탄불 인근 이즈밋[Izmit]에서 발원한 지진으로 1만 7,000명이 사망했는데, 그중 1,000명이 이스탄불 교외 주민이었다-역주) 거대한 북아나톨리아 단층에 자리 잡고 있기 때문이다.

트로이 6h층이 지진으로 파괴되었다는 블레겐의 가설은 쓰러진 담들, 무너진 높은 탑들, 도처에 남아 있는 엄청난 힘과 용기를 보여주는 흔적들(그림 8) 등, 상당한 근거를 바탕으로 하고 있다. 발굴 팀이 펴낸 최종 보고서에서 블레겐이 말했듯이, "우리는 6h층이 심한 지진 때문에 파괴되었다고 확신한다… 트로이의 성벽이 무너진 것은 인간이 아니라 격렬한 지진으로 인한 충격 때문이었다고 보는 편이 더 신빙성 있다." 그 후 6h층을 재검토한 유명한 지리고고학자 역시 블레겐과 같은 결론을 내렸다: "신시내티 대학 발굴 팀이 제시한 증거는… 압도적으로 보인다."

일부 학자들은 미케네인이 트로이를 강타한 이 지진으로 갑자기 무너진 성벽을 통해 쳐들어왔을 수도 있다고 생각한다. 그런데 이 가설 또한 히살릭이 호메로스가 묘사한 도시와 동일한 도시라고 생각했을 때만 성립된다. 물론 거대한 성벽, 웅장한 저택들, 넓은 도로 등 트로이 6층은 『일리아드』에 나오는 도시와 비슷한 점이 많지만, 호메로스는 한 번도 지진을 언급한 적이 없다.•

이제 트로이의 목마에 대해 생각해보자. 여러 학자들이 트로이의 목마는 실은 파성퇴(破城槌)나 그 비슷

• [역주] 저자 클라인의 말대로 호메로스가 『일리아드』에서 '지진 (earthquake)'이라는 단어를 사용한 적은 없다. 하지만 제20장 "신들의 싸움" 편에 보면 트로이 전쟁 동안 올림포스의 신들도 두 편으로 나뉘어 대결을 벌이는데, 제우스와 포세이돈이 싸우는 장면에서 포세이돈이 트로이 일대를 지진으로 뒤흔드는 장면이 나온다:
그러자 하늘에서 신들과 인간들의 아버지가 무섭게 천둥을 쳤고, 지하에서는 포세이돈이 드넓은 대지와 가파른 산마루들을 뒤흔들었네. 샘(泉)이 많은 이다산의 모든 기반과 봉우리들, 트로이인의 도시, 아케아인의 배들이 흔들렸네. 그러자 어둠의 신 아이도네우스가 겁에 질렸고, 지진의 신 포세이돈 때문에 땅이 갈라져서 자신의 거처가 인간과 신들의 눈에 띌까 두려운 나머지 옥좌에서 벌떡 일어나 소리쳤네. (Then terribly thundered the father of gods and men from on high; and from beneath did Poseidon cause the vast earth to quake, and the steep crests of the mountains. All the roots of many-fountained Ida were shaken, and all her peaks, and the city of the Trojans, and the ships of the Achaeans. And seized with fear in the world below was Aidoneus, lord of the shades, and in fear leapt he from his throne and cried aloud, lest above him the earth be cloven by Poseidon, the Shaker of Earth, and his abode be made plain to view for mortals and immortals).—저자가 주로 인용하는 하버드 판 『일리아드』(A. T. Murray 英譯, 1925년) 제20장 54행부터.

그림 8 1930년대 칼 블레겐이 트로이 발굴 당시 찍은 사진으로, 지진으로 파괴된 것으로 추정되는 넘어진 암석과 부서진 벽들.

한 공성(攻城) 무기라고 추정했지만, 독일 학자 프리츠 샤허마이어(Fritz Schachermeyr)는 그것은 무기가 아니라 지진을 나타내는 시적 은유라고 생각한다. 그가 제시하는 근거는 간단하다: 그리스 신화에서 지진의 신인 포세이돈은 (부엉이가 아테나 여신의 상징이듯이) 대개 말로 형상화된다는 것이다. 고대 그리스인은 포세이돈의 전차를 끄는 말들의 발굽소리가 바다의 파도 소리처럼 요란할 뿐 아니라, 지진 때 들려오는 굉음과도 비슷하다고 보았다. 따라서 트로이의 목마는 포세이돈이 트로이의 성벽을 무너뜨리기 위해 일으킨 지진을 나타낸다는 것이다. 그렇다면 트로이의 목마는 비유적으로 말하면 지진 그 자체라는 것이 그의 주장이다. 이 가설은 흥미롭지만 좀 지나친 감이 없지 않다. 그렇지만 우리가 호메로스의 입장이 되어 생각해보면, 트로이의 목마 비유는 실제로 일어난 트로이라는 도시의 멸망을 그리는 몇 가지 방법 중 하나일 수도 있다. 그뿐 아니라, 트로이 6층을 프리엄의 도시로 보고자 할 때, 그 도시가 파괴된 방식만 빼고 모든 면에서 호메로스의 묘사와 일치하는 이유를 설명해주는 유일한 방식이기도 하다.

새로운 연대 추정, 유물의 새로운 활용

트로이 6h층에서 발굴된 미케네 도자기 중 거기서 제작된 것과 수입된 것들을 최근 다시 검토한 결과, 이 도시가 파괴된 시기가 그동안 추정된 것보다 훨씬 늦다는 결론이 나왔다. 블레겐은 이 도자기들이 기원전 1275년경에 만들어졌다고 생각했는데, 그 이후의 학자들 중에는 기원전 1130~1100년경이라고 주장한 사람도 있었다. 1990년대에 미케네 도자기를 연구하고 몇 권의 권위 있는 저서를 펴낸 명망 있는 고고학자 피넬로피 마운트조이(Penelope Mountjoy)는 수십 년 만에 처음으로 블레겐이 발견한 모든 도자기 파편을 재검토했다. 발견 내용을 상세히 설명한 논문에서 그녀는 트로이 6h층이 기원전 1300년경에 파괴되었을 것이라는 결론을 내렸다. 그녀는 또 그 도시는 아가멤논이나 미케네인과는 아무 상관없이, 지진에 의해 파괴되었을 것으로 추정했다.

블레겐은 트로이 6h층의 크고 부유한 저택들이 파괴된 직후 또는 트로이 7a층 때 다시 세워지거나 사용된 사실을 발견했다. 그런데 재건되거나 재사용되었을 때는 전에 한 가족만 살던 공간에 여러 세대가 산 것처럼 많은 벽으로 분할되거나, 무너진 부분의 땅에 부서진 저택에서 주워온 잔해를 이용해 허술한 오두막이나 집들을 지었던 것으로 보인다. 그는 또한 성채로 둘러싸인 이 도시의 인구가 그 전에 비해 갑자기 몇 배 늘었음을 시사하는 여러 흔적을 발견했다. 블레겐이 볼 때 이 인구 폭발의 가장 중요한 증거 중 하나가 바로 집안 여기저기에, 그리고 심지어 (밖에서 뚜껑이 보이도록) 방바닥에까지 묻은 저장 단지들(pithoi)이다. 냉장 수단이 없는 시대지만 이 단지들을 묻음으로써 주민들은 부패하기 쉬운 것들을 차게 보관할 수 있었고, 곡물, 포도주, 올리브유, 그리고 다른 필수품들의 저장

용량을 두 배, 아니 세 배까지 늘릴 수 있었던 것이다.

트로이 7a층의 파괴

블레겐은 트로이가 적에 포위된 상태에서 아래쪽 도시와 주변 여러 마을의 주민들이 다가오는 적군을 피해 부유한 둔덕 위 성채로 몰려들었을 거라고 확신했다. 발굴 당시 그가 발견한 미케네인이 만든 화살촉, 불탄 흔적, 화재로 부서진 집들은 물론 성채 안 거리에서 발견된 해골들과 묻히지 못한 시신의 부분들이 트로이 7a층이 전쟁으로 파괴되었을 거라는 그의 추정을 뒷받침해주었다. 블레겐과 그의 팀원들은 최종 보고서에서 트로이 7a층에는 "화재로 인한 파괴의 흔적이 도처에 남아" 있고, "불탄 도시 도처에서 발견된 훼손된 시신들을 보면 트로이 7a층의 파괴에는 틀림없이 폭력도 작용했다(그림 9). 발굴 현장을 보면 누구든 무자비한 적들에게 함락되고 약탈당한 옛 도시의 운명이 생생히 떠오를 것이다"라고 썼다.

블레겐이 볼 때 미케네인이 불태운 도시는 분명히 트로이 6h층이 아니라 트로이 7a층이었다. 그는 미케네 도자기의 제작 연대 및 이 층을 트로이 전쟁과 연

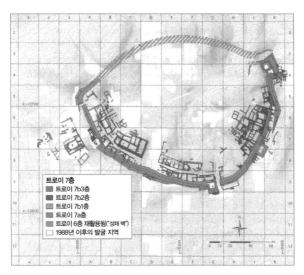

그림 9 1988~2005년에 만프레드 코르프만 팀이 발굴한 트로이 7a층의 평면도. 트로이 6층의 벽들을 재활용한 부분들이 표시되어 있다.

관 짓고 싶은 본인의 바람 때문에 이 전쟁이 기원전 1260~1240년경에 일어났다고 주장했다. 그는 미케네 인이 호메로스가 묘사한 식으로 트로이 전쟁을 일으 켰다면 자신들의 문명이 공격당하고 그리스 본토에 있는 자신들의 궁전들이 파괴되기 전이어야 한다는 걸 알고 있었다. 그리스에서 그런 일이 벌어지기 시작 한 것은 기원전 1225년경이었다. 1963년에 나온 『트로 이와 트로이인들』에서 블레겐은 이렇게 말했다. "트로이 7a층의 파괴되고 검게 불탄 유적들을 보면 호메로스의 서사시들이 여실하게 그려냈듯이 무자비한 적에 의해 포위, 함락, 약탈당한 도시들이 늘상 겪은 가혹한 운명이 생생히 떠오른다."

트로이 7a층이 프리엄의 트로이라는 확신을 갖게 된 블레겐은 이전의 발굴자들이 이미 트로이 7b층이라고 명명한, 재와 불탄 잔해 위에 세워진 그다음 도시에 주의를 돌렸다. 그는 그 도시를 트로이 7b1층과 트로이 7b2층으로 구분했다. 이 중 7b1층은 트로이 7a층과 아주 비슷하다. 그래서 블레겐은 이를 "트로이 7a층을 파괴된 잿더미로 만든 재앙이 끝나자마자 생존자들이 다시 거주하기 시작했다"는 증거로 해석했다. 실제로 블레겐은 나중에 다시 한 번 이렇게 썼다. "우리가 되르프펠트의 층 구분을 고칠 수 있었다면, 트로이 7a층과 7b1층 간의 문화적 연관성을 고려해 두 층을 각각 트로이 6i층과 트로이 6j층으로 명명했을 것이다." 7b1층은 한 세대 정도 지속되다가 기원전 1150년경에 멸망했는데, 블레겐의 발굴 결과를 보면 그 층에는 폭력, 화재, 약탈의 흔적이 전혀 남아 있지 않다. 블레겐은 결국 그 멸망의 원인을 알아내지 못하고 '풀지 못한 미스테리'라고 결말지었다.

그런데 7b2층은 그 전 층과 완전히 달랐다. 그럴 수 있었다면 블레겐은 그 층을 트로이 8층이라고 명명했을 것이다. 모든 면에서 두 층이 정말 달랐기 때문이다. 7b2층은 같은 층의 두 번째 단계가 아니었다. 구획 배치, 건축 양식, 도자기의 형태 등이 모두 달라졌고, 주민들도 명백히 다른 사람들이었다. 말하자면 트로이 7b1층의 주민들이 완전히 사라진 것 같았다. 새로 등장한 이 단계는 2~3세대 동안 지속되다가 기원전 1100년경에 적의 공격이나 또 다른 지진으로 인해 파괴되었다. 트로이는 그 후 수백 년 동안 버려졌다가, 기원전 700년경인 철기 시대에 다시 사람들이 들어와 살기 시작해서 로마 시대 이후까지 지속되었다.

블레겐의 해석이 지닌 문제들

그렇다면 블레겐은 결국 이 의문을 해결하고 히살릭이 바로 트로이 전쟁이 일어났던 도시임을 입증했을까? 트로이 7a층이 정말 프리엄의 트로이였나? 블레겐의 가설에는 몇 가지 문제가 있다. 일단, 트로이 7층은 호메로스가 묘사한 부유한 도시와 많이 다르다. 『일리아드』에 그려진 트로이는 높은 문, 높은 담, 넓은 도로,

큰 저택들, 웅장한 궁전으로 가득 차 있는데, 블레겐이 발굴한 도시는 파괴된 후 복구된 도시, 벽들을 쌓아 큰 집들을 조그만 집들로 나누고, 저장 단지들을 땅에 묻은 가난한 도시였다. 블레겐은 이 도시가 적군에게 포위 공격을 받았다고 생각했는데, 그 후 피넬로피 마운트조이는 전쟁이 아니라 엄청난 지진을 겪은 후 폐허 속에서 급히 임시 거처들을 세운 도시였다는 가설을 내놓았다. 누구 말이 맞든 간에 트로이 7a층은 함락시키는 데 10년이 걸릴 도시도 아니고, 서사시에 등장할 만한 도시는 더욱 아니었다. 트로이 7a층과 호메로스의 트로이가 일치하는 것은 딱 하나, 즉 군사적인 공격으로 파괴되었다는 것이다. 어쩌면 호메로스는 화려했던 트로이 6층과 트로이 7a층의 파괴에 대해 시를 썼을 수도 있다. 다시 말하면 웅장한 서사시를 창조하기 위해 시적 자유를 활용해 두 도시를 하나로 섞어 놓았을 수도 있다는 것이다. 하지만 이는 가능한 여러 시나리오 중 하나일 뿐이다.

그뿐만 아니라 지난 반세기 동안 학자들은 그 유적지에서 발견된 도자기들을 토대로 블레겐이 추정한 트로이 7a층의 멸망 연대에 의문을 제기해왔다. 그중 몇 사람은 그 시기를 기원전 1050년까지 늦춰 잡기도 했다. 최근 마운트조이는 도자기들을 재검토한 결과 그 층의 멸망 시기는 기원전 13세기 후반에서 12세기 전반, 즉 기원전 1230년과 1190/80년 사이의 어느 시점이라고 주장했다. 그 가설이 맞다면 그리스 병사들이 모두 트로이에 출정해 있었기 때문에 그리스 본토에 있는 미케네의 궁전들이 공격당하고 파괴되었다고 보지 않는 한, 당시 트로이를 공격한 것이 미케네인이라고 보기 어려워진다. 실제로 마운트조이는 트로이를 파괴한 것은 미케네인이 아니라 바다의 사람들이고, (너무 늦은 연대라서 그럴 가능성은 별로 없지만) 미케네인이 파괴한 것은 그보다 훨씬 나중에 등장한 트로이 7b2층이라고 주장했다.

연대로만 보면 지중해 연안의 여러 국가를 파괴한 바다의 사람들이 트로이를 공격해 멸망시켰다는 가설도 개연성이 있다. 일부 학자들은 그 공격에서 살아남은 트로이 주민들이 바다의 사람들에 합류해 다른 지역을 공격했다는 주장을 내놓기도 했다. 하지만 바다의 사람들이 정말 트로이를 공격한 적이 있는지는 분명치 않고, 따라서 트로이 7b1층이나 7b2층과 마찬가지로 트로이 7a층을 멸망시킨 이들이 누구인지는 아직 밝혀지지 않았다.

트로이의 코르프만

블레겐이 트로이를 발굴한 지 딱 50년 만인 1988년
에 다음 발굴이 시작되었다. 이 발굴을 이끈 독일 튀빙
겐 대학의 만프레드 코르프만은 히살릭 유적지의 청
동기 층을 조사할 생각이었다. 브린 모어 대학의 스텔
라 밀러(Stella Miller) 그리고 그 후 신시내티 대학의 C.
브라이언 로즈(Brian Rose) 교수 등은 청동기 이후의 층
들을 조사하기 위해 코르프만과 공동 작업을 펼쳤다.

코르프만과 그의 청동기 시대 팀은 둔덕 중앙에 있
는 청동기 초기 유적을 철저히 재조사하고, 트로이 발
굴 사상 최초로 전 층에서 방사성탄소를 채취했다. 나
중에 이들은 각 도시의 규모, 청동기 후기의 생활상 그
리고 이 도시들의 멸망 원인 등을 알아내기 위해 트로
이 6층과 7층을 집중적으로 재조사했다.

코르프만은 처음부터 본인은 트로이 전쟁을 연구하
거나, 그 전설의 사실 여부를 입증하는 데는 관심이 없
다고 주장했다. 그보다는 여러 나라와 교류가 있었고
기원전 2000년대에 큰 세력을 지니고 있던 아주 흥미
로운 청동기 후기의 도시를 연구하고 있다고 했다. 그
런데 2001년쯤 되어서는 자신이 발굴하고 있는 도시

트로이(독일어로 트로이아*Troia*)가 바로 히타이트인들이 윌
루사라고 부른 도시와 같은 곳임을 명백히 입증할 수
있다고 확신하게 되었다. 그때부터 코르프만은 발굴
보고서를 쓸 때마다 히살릭 유적지를 트로이아/윌루
사라고 불렀고, 지금은 많은 학자가 이 명칭을 사용하
고 있다.

코르프만과 그의 팀은 뛰어난 발굴 기술과 첨단 장
비들을 이용해 많은 것을 발견했다. 먼저 그들은 또 다
른 부(部)단계인 트로이 7b3층을 발견했다. 이 층은 한
세기 정도 지속되다가 기원전 1000년쯤 알 수 없는 이
유로 멸망했고, 그때부터 수백 년 동안 이 곳에는 사람
이 살지 않았다.

이들은 또 트로이 발굴 사상 최초로 문자를 발견했다.
1995년 7b2층에서 발견된 기원전 1100년경의 이 청동
인장은 양면이 볼록하고, 한쪽에는 남자의 이름, 다른
쪽에는 여자의 이름이 새겨져 있고, 이 남자가 서기임
을 시사하는 표시도 있다.

저지 도시(Lower City)

코르프만 팀은 1988년 발굴을 개시한 직후 가장 중

표 2 기원전 1300~100년경의 히살릭/트로이 각 층의 내력

유적의 층	추정된 멸망 연대	추정된 파괴 원인	여파
트로이 6층	기원전 1300년	지진	지속/재건
트로이 7a층	기원전 1230~1190/80년	적의 공격	지속/재건
트로이 7b1층	기원전 1150년	미상	새로운 문화
트로이 7b2층	기원전 1100년	지진 또는 적의 공격	지속/재건
트로이 7b3층	기원전 1000년	미상	수 세기 동안 버려짐

요하고, 확실히 가장 큰 유물을 발견했다. 그리고 그로
부터 몇 년 안에 원격 감지 장치를 이용해 히살릭 둔덕
에서 남쪽으로 400미터 넘는 지점까지 뻗어 있는 거대
한 저지(低地) 도시를 찾아냈다. 이 발견으로 트로이의
면적과 인구는 전에 알려진 것보다 10배 내지 15배 늘
어났고, 청동기 후기의 트로이는 실제로 20~30만 평
방미터에 달하는 면적에 4천 내지 1만 명의 인구를 지
닌 화려하고 부유한 도시였음이 입증되었다. 1988년
에서 2005년에 이르는 약 20년의 조사 기간 동안 고고
학자들은 히살릭 둔덕을 둘러싸고 있는 들판 거의 전
체가 트로이 6층, 7a층, 남북/동서 방향으로 배치되어
있는 헬레니즘 및 로마 시대의 유적들을 포함해 이 저

제3부 고고학적 증거 연구

지 도시를 덮고 있다는 것을 확인했다. 실제로 후대의 유적들이 청동기 시대의 저지 도시를 완전히 덮고 있어서 한 발굴 팀원의 말을 빌리면 그 층들이 "훼손되고" "작은 단위로 나뉘어 어렵게 발굴되었다."

코르프만 팀은 여러 종류의 자력계(magnetometer)를 사용했는데, 이 장비를 쓰면 발굴 시작 전에 땅속을 들여다볼 수 있기 때문에 고고학 발굴에서 자주 사용되고 있다. 발굴 예정지의 어떤 지점에 있는 자력장의 세기를 측정함으로써 발굴 팀은 유적지 지하의 이미지를 만들 수 있었다. 지하에 있는 물체가 담인지, 도랑인지, 그냥 땅인지에 따라 자력장의 세기가 달라지기 때문이다. 실제의 발굴은 이 원격 감지 이미지 확인 후에 시작되었다.

슐리만, 되르프펠트, 블레겐은 모두 성채 자체, 또는 궁전이 있는 (가로와 세로가 각각 200미터 정도인) 도시의 윗부분만을 발굴했다. 돌이켜보면 트로이에 저지 도시가 있다는 것은 놀라운 일이 아니다. 그 당시 미케네의 궁전이 있는 곳들은 대부분 성채와 저지 도시로 이루어져 있었기 때문이다. 하지만 트로이의 저지 도시가 발견된 것은 현대 과학 장비들과 고고학적 연구에 기초한 코르프만과 발굴 팀의 추정 덕분이었다.

하지만 이 기술, 아니면 적어도 그 해석에도 한계가 있었기에 코르프만과 그의 팀도 엉뚱한 결론에 이른 적이 있었다. 1993년 2월, 그들은 팀의 원격 감지기가 땅속 깊은 곳에서 거대한 성벽으로 추정되는 물체를 찾아냈다고 발표했고, 온 세계 언론이 이를 주요 뉴스로 보도했다. 그런데 그해 여름 실제로 그곳을 발굴해 보니 그것은 성벽이 아니라, 트로이 4층 당시 기반암(bedrock)을 파서 만든 깊이 1~2미터에 넓이 4미터 정도의 큰 방어용 도랑으로 성채에서 300미터 이상 떨어진 지점에서 저지 도시를 감싸고 있었다. 천 년이 넘는 세월 동안 도랑은 흙과 폐물로 덮였고, 원격 감지 이미지를 본 팀원들은 이를 처음에는 우물, 나중에는 단단한 성벽으로 잘못 해석했던 것이다.

그 물체를 발견한 뒤 2년 동안(1993~1994년) 발굴 팀은 이 도랑을 300미터 이상 추적했고, 그 후 10미터 넓이의 문이 있다는 것을 발견했다. 팀은 또 그런 도랑이 두 개 있는데 성채에서 더 멀리 떨어져 있는 두 번째 도랑은 처음 것보다 나중에, 즉 인구가 늘어나면서 도시가 바깥쪽으로 확대되었던 트로이 4층 당시 사용되었다는 사실을 발견했다. 도랑 뒤에는 나무로 된 높은 울타리도 있었던 것 같지만 오래전에 부서진 것으로 보인다. 고고학자들은 또 성채를 둘러싸고 있는 트로이 4층의 거대한 돌담도 찾아냈다. 발굴 팀은 되르프펠트가 처음 발견했던 이 돌담의 더 많은 부분을 발굴했다.

1997년에서 2001년에 이르는 기간 동안 코르프만 팀은 이른바 '샘 동굴(Spring Cave)'을 완전히 발굴했다. '샘 동굴'은 인공 터널, 평평한 부분, 회랑 등, 바위를 파서 만든 수로로서, 저지 도시의 남서쪽, 성채의 성벽 밖에 위치해 있다. 주 터널은 코르프만 팀의 발굴 초기에 발견되었으나, 입구 근처에 있는 이런저런 시설물과 양어장 때문에 로마 시대에 만들어진 것으로 생각되었다. 입구에 있는 이런 시설들은 정말 로마 시대 유적이지만, 2001년 코르프만과 그의 발굴 팀은 '샘 동굴'이 청동기 초기인 기원전 13세기에 건설되었고, 2000년의 세월이 흐르는 동안 대부분 기간에 사용되었음을 입증했다. 이는 히살릭/트로이와 히타이트 기록에 윌루사로 기록되어 있는 도시를 동일한 곳으로 보려는 코르프만에게는 아주 중요한 사실이었다. 이 수로(水路)가 바로 「알락산두 협약서」에 나오는 '윌루사의 지하 수로'일 수 있기 때문이다.

코르프만과 트로이 7a층

블레겐이나 되르프펠트와 마찬가지로 코르프만 역시 트로이 6h층과 트로이 7a층 사이에는 문화적 단절이 없다는 걸 입증하기 위해 심혈을 기울였다. 그런데 그들과 달리 코르프만은 트로이 7a층(또는 6i층)이 100년 이상 지속되었다고 보았다. 그는 피넬로피 마운트조이의 견해와 그녀가 미케네 도자기를 재검토하고 내린 결론을 인용하면서 트로이 7a층은 기원전 1300년경에 시작해 몇 단계의 건축 기간을 거친 후 기원전 1180년경에 "전쟁으로 인한 파괴로" 멸망했다고 주장했다.

코르프만의 발견 중 가장 극적인 것은 1995년에 벌써 찾아낸, 트로이 7a층이 화재와 전쟁으로 멸망했다는 증거였다. 한 예비 보고서에서 그는 트로이 7a층 말기, 성채 둔덕 서남쪽에서 "전쟁으로 인한" 화재로 불탄 흔적이 발굴되었다고 썼다. 그 후 『고고학*Archeology*』이라는 대중적인 잡지에서 그는 그 지역에서 몇 구의 유해와 "투석기 탄환 더미들"을 발견했고, 같은 곳에서 저장실들을 갖춘 큰 '안뜰 있는 집(Courtyard House)'의 잔해를 찾아냈다. 흥미로운 것은 이 트로이 7a층 '안뜰 있는 집'의 바로 밑에 트로이 6h층 시기에 지어

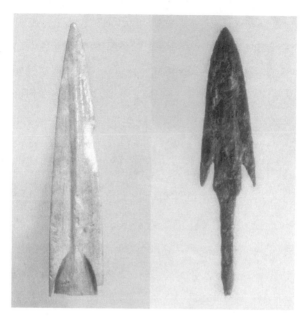

그림 10 트로이 7a층의 저지 도시에서 나온 화살촉들은 이 도시가 적군의 공격으로 파괴되었음을 시사한다.

졌다가, 지진으로 인해 완전히 불타 무너진 것으로 추정되는 또 다른 건물이 있다는 사실이다. 이처럼 한 작은 지역에서 코르프만은 적의 공격으로 파괴된 트로이 7a층 시대의 건물과 지진 때문에 파괴된 트로이 6h층의 건물을 발견한 것이다.

　그 후 몇 년 동안 코르프만의 발굴 팀은 밑의 층 도

시에서 청동 화살촉, 최소한 한 구의 매장되지 않은 소녀의 유해, 그리고 방어하는 이들이 준비했던 투석기용 탄환 더미들을 찾아냈다(그림 10). 팀의 한 발굴자는 이 유물들을 보면 주민들이 전쟁에서 패한 것 같다고 했고, 적어도 코르프만은 이 모든 것이 적군의 공격을 받은 증거라고 생각했다. 2004년에 방영된 BBC 다큐멘터리에서 그는 이렇게 말했다: "발굴 결과를 보면 이 도시는 화재로 인해 파괴되었고, 우리가 발견한 땅에 반쯤 파묻힌 16~17세쯤 되는 소녀의 유해를 보면 두 발이 불에 타 있습니다. 시신의 반은 묻혀 있는데, 성안에 있는 공공장소에서 시신들이 급히 매장되었다는 것이 이상합니다… 우리는 또 투석기의 탄환들도 발견했는데… 이런 것들을 보면 이 도시는 포위 공격을 받았고, 적에 맞서 스스로를 지켜냈지만 결국 전쟁에서 패배하고 무너진 게 분명합니다." 하지만 코르프만은 그 적이 누구인지 밝히지 않았고, 미케네 문명이 당시 이미 상당히 붕괴된 상태였다는 사실도 언급하지 않았다.

실제로 누가 이 밑의 층을 파괴시켰는지는 분명하지 않다. 그런 모양의 청동 화살촉은 미케네인이 사용했을 수도 있지만, 바다의 사람들이나 전혀 다른 집단이 사

제3부 고고학적 증거 연구

용했을 수도 있다. 코르프만이 시사하듯이 트로이 7a층을 무너뜨린 사건이 기원전 1180년경에야 일어났다면, 그 적은 미케네인일 수도 있고, 람세스 3세 시대에 활동한 바다의 사람들의 2차 공격이었을 수도 있다. 그런데 이 연대 추정은 마운트조이가 조사한 미케네 도자기의 가장 말기에 토대를 둔 것이므로, 같은 연구 자료를 이용해 추정해보면 실제의 전쟁은 그보다 몇십 년 전에 일어났을 수도 있다. 만약 그렇다면 트로이 7a층의 파괴는 히타이트 점토판에 기록되어 있는 월루사의 왕 월무의 폐위와 관련되어 있을 수 있고, 그 말이 맞다면 미케네인이 개입되어 있을 수도 있다. 하지만 이건 어디까지나 정말 하나의 가설에 지나지 않는다.

새로운 트로이 전쟁

트로이 7a층을 파괴한 것이 미케네인인지 다른 집단인지 아직 밝혀지지 않았지만, 코르프만의 새로운 발굴 결과가 트로이 전쟁이라는 수수께끼를 푸는 실마리가 될 수도 있다. 하지만 고고학 발굴이 대개 그렇듯이 그의 발굴 결과 역시 해석에 따라 그 의미가 달라질 수 있다. 이런 점에서 그의 작업은 이미 공격을 받고 있다. 그 공격을 개시한 사람은 놀랍게도 코르프만과 같이 튀빙겐 대학 교수로 있는 프랑크 콜브(Frank Kolb) 였다.

2001년 여름 슈투트가르트에서 열렸다가 브라운쉬 바이크(Braunschweig), 그리고 마지막으로 본(Bonn)에서 개 최된 트로이에 관한 대규모 전시 기간 동안 콜브는 코 르프만이 트로이에서의 발굴 결과를 과장하고, 대중을 오도하는 발언을 하고, 학술적으로 부실하다고 비판했 다. 콜브는 트로이에는 저지 도시가 없고, 저지 도시와 기반암을 파고 만든 도랑은 모두 일반 대중을 속이기 위해 코르프만이 지어낸 이야기라고 주장했다.

이 논쟁은 점점 격렬해지다가 결국 2002년 2월 튀빙 겐 대학에서 이틀간 열린 (재판 비슷한) 학회에서 절정에 이르렀다. 이 학회에는 하루 800여 명이 참석했는데, 두 번째 날 세 시간 동안 진행된 총회는 독일 대부분의 지역에 생중계되어 청취자들을 매료시켰다. 60명 이 상의 기자들이 이 행사를 취재했는데, 당시 게재된 한 기사에 따르면 학회는 코르프만과 콜브의 '보기 민망 한' 주먹다짐으로 마무리되었다. 하지만 코르프만과 트로이에 대한 그의 견해에 우호적인 사람들이 많았 고, 그 뒤 학회에 참가했던 여러 청동기 시대 학자들이 그런 의견을 담은 긴 평가서를 펴냈다. 그러나 콜브는 자신의 견해를 포기하지 않았고, 이 논쟁은 여러 학술지를 통해 지금도 여전히 진행되고 있다.

2005년 8월 코르프만이 갑자기 세상을 떠난 후, 그의 동료들이 트로이, 튀빙겐, 셰필드(Sheffield)에서 그의 작업을 계속하고 있다. 튀빙겐 대학 발굴 팀은 2005년 여름 코르프만의 유능한 보조자 페터 야블론카의 감독 아래 발굴을 재개했고, 그 이후로는 코르프만의 선배인 에른스트 페르니카(Ernst Pernicka)가 팀을 이끌고 있다.

에필로그

그렇다면 현재 우리가 트로이 전쟁에 대해 알고 있고, 믿고 있는 내용은 무엇일까? 호메로스는 청동기 후기에 미케네 문명이 붕괴되기 전 미케네인이 아나톨리아 해안에서 벌인 역사적 사건을 묘사했을까? 아주 오래전부터 지금까지 정말 많은 사람이 트로이와 트로이 전쟁에 대해 글을 써왔다. 트로이가 영국, 스칸디나비아, 심지어는 터키의 실리시아(Cilicia)에 있다든가, 트로이 전쟁 이야기는 실은 아틀란티스 섬의 전설이 변형되어 내려온 것이라든가 등, 온갖 엉뚱한 가설이 심지어 최근까지 문자화되어 나왔다. 학자들 자신도 트로이와 트로이 전쟁의 역사성에 대해 여전히 논

쟁을 벌이고 있다. 호메로스의 시들이 모두 허구라고 주장하는 이들이 있는가 하면, "누군가가 트로이 전쟁 모티프를 아무런 역사적 기반 없이… 기원전 8세기에 갑자기 지어냈다"는 것은 상상하기 힘든 일이라고 생각하는 이들도 있다.

이 논의에서 가장 중요한 두 가지 질문이 있다. 호메로스의 『일리아드』의 기반이 된 전쟁이 아나톨리아 북서부에서 실제로 일어났는가? 우리가 지금까지 발굴해온 유적지가 프리엄의 트로이가 있던 곳인가? 둘 다 아니라고 생각하는 사람들도 있지만, 대부분의 학자들은 이 두 질문에 모두 맞다고 대답할 것이다. 하지만 물론 무조건적인 예스는 아니다. 그런데 확실한 대답을 못 하는 것은 자료가 적어서가 아니라 너무 많기 때문이다. 그리스의 서사시들, 히타이트의 점토판 기록들, 루비어로 된 시들, 그리고 고고학적 증거들을 보면 우리가 트로이 또는 트로아드라고 부르는 곳에서 한 번이 아니라 여러 번의 전쟁이 있었던 것으로 추정된다. 호메로스의 트로이 전쟁에 대한 증거가 있는 것 같으면서도 모호한 것은 바로 그 때문이다. 단 하나의 '결정적인 증거'가 없는 것이다.

몇 번의 전쟁인가?

그리스의 서사시들을 보면 한 번이 아니라 적어도 두 번의 전쟁이 있었고(헤라클레스의 공격, 아가멤논의 전쟁), 튜트라니아를 트로이로 착각하고 쳐들어간 아가멤논의 첫 번째 공격까지 치면 실은 세 번의 전쟁이 있었던 셈이다. 마찬가지로, 히타이트의 문서들을 보면 기원전 15세기 앗수와 반란부터 기원전 13세기 후반 윌루사의 왕 윌무의 퇴위까지 최소한 네 번의 전쟁이 등장한다. 고고학적 증거에 의하면 트로이/히살릭은 기원전 1300년에서 1000년 사이에 세 번 아니면 두 번 파괴되었다. 이 중 어떤 부분은 오래전부터 알려져 있었고, 일부는 최근에 드러난 사실이다.

안타깝게도, 아직은 이런 각각의 증거들을 다른 증거들과 확실히 연결해주기 어려운 형편이다. 예를 들어, 히타이트 기록에 등장하는 윌무의 퇴위를 트로이 7a층의 파괴와 연결 지어 생각할 수도 있겠지만, 아직은 그 두 사건이 확실히 연관이 있다는 완벽한 증거가 없다.

하지만 이는 그렇게 오래전의 시대를 연구하는 고고학자들이 늘 직면하는 문제다. 어떤 유적지에서 그곳

트로이 전쟁

이 파괴되었다는 고고학적 증거가 나오고, 같은 도시의 함락과 파괴를 보여주는 기록을 담은 문서가 존재하더라도, 그 둘을 연결하기는 어렵기 때문이다. 그 좋은 예가 이스라엘의 메기도(Megiddo) 유적지다. 현재 남아 있는 기록에는 기원전 1479년에 이집트의 투트모스 3세가 이 도시를 함락시켰다고 되어 있다. 고고학적 발굴 결과를 보면 이 도시가 파괴되었던 흔적이 여러 층에 남아 있다. 하지만 아직까지는 문자로 된 기록물과 고고학적 증거들을 정확히 연결시키지 못하고 있다.

트로이 전쟁의 실체를 역사적, 고고학적으로 입증하려는 다양한 시도 역시 정황적 증거에 바탕을 두고 있다. 그런 증거들을 분석하다 보면 이런저런 추정과 소견이 나오는데, 그렇게 해서 성립된 가설은 개연성은 있지만 역사적 사실의 확실한 복원은 아니다. 학자들이 활용할 수도 있는 그런 가설들을 몇 가지 들어보면:

- 월루사는 아마 (위)일로스(트로이)일 것이다.
- 월루사의 왕 알락산두는 (위)일로스(트로이)의 알렉산더/파리스일 수 있다.
- 월루사의 왕 월무는 기원전 13세기 후반에 적에 의

해 퇴위되었다.

- 아히야와는 아마 그리스 본토에서 온 미케네인일 것이다.
- 트로이 6h층이 파괴된 것은 확실하지만, 인간이 아니라 지진에 의해 파괴되었을 것이다.
- 트로이 7a층은 전쟁 상황에서 인간에 의해 파괴되었다.

호메로스와 역사

호메로스가 10년이나 계속된 전쟁을 주제로 하는 흥미진진한 서사시를 쓰기 위해 여러 시대의 인물이나 사건들을 섞어 놓은 문학적 파격을 활용했을 가능성도 다분하다. 그는 역사서가 아니라 사랑이나 영예 같은 보편적 주제를 지닌 민족적 자긍심의 서사시를 썼기 때문이다.

전사와 무기들이 등장하는 청동기 시대 에게문명의 세계에 대한 지식 이외에 호메로스가 활용한 자료 중에는 기원전 1300년경 지진으로 파괴된 부유한 도시 트로이 6h층에 대한 지식뿐 아니라, 기원전 1420년경인 투달리야 1/2세 때 일어난 앗수와 반란에 관한 이야기도 들어 있었을 것이다. 무와탈리 2세 때인 기원전 1280년경 알락산두가 처음 다스렸고, 기원전 1225년 또는 그보다 늦은 투달리야 4세 때 월무가 다스렸던 트로이 7a층에 대한 이야기, 기원전 13세기 중반인 하투실리 3세 때 월루사를 둘러싼 히타이트와 아히야와의 갈등도 구전으로 알고 있었을 것이다. 호메로스는 또 기원전 1230~1180년경에 트로이 7a층이 전쟁으로 파괴되고, 그 후 기원전 1100년경 트로이 7b2층이 파괴된 것도 들어서 알고 있었을 것이다.

그렇다면 『일리아드』에서 호메로스가 그린 트로이는 트로이 6h층에 대한 지식에 바탕을 두고 있고, 그 도시의 파괴에 대한 부분은 트로이 7a층을 멸망시킨 화재 이야기를 원용했을 수도 있다. 그게 사실이라면 호메로스의 트로이 전쟁은 어떤 사건이라기보다 청동기 후기 수백 년 동안 존재했던 다양한 인물, 장소, 사건뿐 아니라 그 전쟁과 호메로스의 시대 사이에 존재하는 500년의 역사를 통합하는 하나의 과정이라고 말할 수도 있으리라. 호메로스는 (곰의 엄니를 박은 투구, 탑 방패, 그리고 아익스 같은 오래된 영웅들 등) 선대로부터 전해 내려온 여러 서사시의 내용을 작품에 활용하고, 자기 시대에 좀 더 잘 맞도록 무기나 전술을 수정하고, 월무 왕 당시의 더

초라하고 파괴된 후 보수된 트로이 7a층 대신 화려하고 강성한 트로이 6층의 묘사를 이용했을 수 있다.

호메로스는 어떤 인물이나 사물, 사건을 실제와 다르게 묘사했을 수도 있고, 어떤 이유 때문에 일부러 그랬을 수도 있다. 실제로 중세 이후 여러 위대한 서사시인과 시 들은 우리가 알고 있는 역사적 사실들을 변형시켜 사용했고, 어떤 경우에는 별로 중요하지 않은 사건을 소재로 삼거나, 알아보기 어려울 정도로 왜곡해서 위대한 시적 전통을 만들어내기도 했다. 『롤랑의 노래 *Chanson de Roland*』와 『니벨룽겐의 전설*Niebelungenleid*』이 그 대표적인 예가 될 것이다. 이 작품들은 둘 다 역사적 사건들을 실제와 다르게 변형시켜 사용하고 있다. 그렇다면 우리로서는 트로이 전쟁 이야기가 지닌 기본 요소들의 역사적 근거를 확인한 것으로 만족해야 할 수도 있다. 일부 세부적인 사항은 의문의 여지가 있지만, 우리는 이미 상당히 많은 것을 알게 되었기 때문이다.

아가멤논이 실존 인물인지 여부는 아직 밝혀지지 않았지만, 슐리만 시대 이후 우리는 미케네인과 그 문명이 실재했었음을 확인했다. 프리엄 왕이 정말 존재했는지, 그렇다면 히살릭 둔덕의 몇 층이 그의 도시였는지는 아직 확실히 증명하지 못했지만, 우리는 트로이라는 도시가 정말 존재했다는 것을 확인했다. 우리는 아킬레우스와 파트로클로스가 정확히 어떤 사람들인지 알 수 없지만, 청동기 후기에 아나톨리아 북서쪽, 정확히 트로이 지역에서 미케네인이 300년 이상 간헐적으로 싸움을 벌였다는 것은 확인했다. 또한 히타이트 기록들을 보면, 기원전 13세기 초에 알락산두와 싸운 사람이나 기원전 13세기 후반에 월무를 퇴위시킨 것이 아가멤논인지 여부는 알 수 없지만 같은 시기에 트로이에서 또는 트로이를 놓고 여러 번 전투가 있었다는 것을 확인할 수 있다. 다시 말하면, 알렉산더와 헬레네, 아가멤논과 프리엄, 아킬레우스와 헥토르가 정말 존재했는지는 불확실하지만, 『일리아드』의 기본 줄거리는 역사적 사실에 근거한 것 같다.

그런데 정말 한 여자에 대한 사랑 때문에 트로이 전쟁이 일어났을까? 한 사람이 납치되었다는 이유로 10년 동안 전쟁을 할 수 있었을까? 대답은 물론 '그렇다'이다. 기원전 13세기에 히타이트의 한 왕자가 죽는 바람에 이집트-히타이트 전쟁이 일어나고, 페르디난트 대공이 살해되는 바람에 제1차 세계대전이 일어난 것과 똑같은 일이다. 하지만 제1차 세계대전은 어차피 일어나게 되어 있었고, 대공이 안 죽었다면 다른 일 때문에 일어났을 거라고 주장할 수도 있다. 트로이 전쟁 역시 헬레네가 있든 없든 어차피 일어났을 거라고 볼 수도 있다. 헬레네의 납치는 영토, 교역권, 흑해로의 통로를 확보하기 위해 어쩔 수 없이 치러야 할 전쟁의 빌미였을 수 있다.

그렇다면 그런 전쟁이 정말 10년 동안 계속되었을까? 물론 그랬을 가능성은 별로 없다. 여기에는 아마 다른 요인들이 개입되었을 것이다. 일부 학자들이 얘기했듯이, 튜트라니아에 대한 공격이 있은 지 9년 만에 트로이 전쟁이 났을 수 있다. 코넬 대학 고전학과의 배리 스트로스(Barry Strauss) 교수가 말했듯이, '아홉 번하고 열 번째'라는 근동 지방의 표현처럼, 10년이 그냥 아주 긴 시간을 뜻할 수도 있다. 아니면 정말 10년 동안 계속 싸웠을 수도 있다. 지금으로서는 이 셋 중 어느 것이 맞는지 알 길이 없다.

어쩌면 이 이야기는 트로이인과 아무 상관 없을 수도 있다. 트로이는 미케네 제국과 히타이트 제국의 변경, 즉 고대 지중해 지역의 두 강대국 사이의 이른바 '분쟁 지역'에 위치해 있었다. 이들은 둘 다 트로이를 갖고 싶어 했고, 그러기 위해서는 전쟁도 불사하겠다는 입장이었다. 트로이인이 무엇을 원했든 그건 아무 상관 없거나, 별로 중요하지 않았다. 그렇다면 트로이

트로이 전쟁

는 미케네와 히타이트 간의 전쟁에서 중간에 낀 채 속절없이 당한 불행한 도시였을 가능성도 있다(그런데 호메로스와 히타이트 기록들은 둘 다 트로이를 히타이트 편에 서서 미케네/아히야와인과 싸운 것으로 보았다).

시대를 초월하는 전쟁

그리고 물론 아주 오랫동안 시인과 작가 들은 트로이 전쟁과 (오디세우스 등) 거기 등장하는 영웅들의 이야기를 그려왔고, 지금도 그러고 있다. 그래서 그리스의 극작가들, 로마의 시인들은 물론, 초서의 「트로일러스와 크리세이드*Troilus and Criseyde*」, 셰익스피어의 「트로일러스와 크레시다*Troilus and Cressida*」, 까미유 생상의 오페라 〈헬레네*Hélenè*〉(1904), 제임스 조이스의 『율리시즈*Ulysses*』, 그리고 20세기 초부터는 수많은 영화가 트로이 전쟁, 헬레네, 아킬레우스, 오디세우스, 그리고/또는 트로이의 목마를 다루어 온 것이다.

이 중 최근에 나온 작품들 중에는 세부 사항이나 줄거리에서 부정확하거나 호메로스의 시와 다른 경우도 있다. 예컨대 2004년에 나온 할리우드의 블록버스터 영화에는 신이나 여신이 전혀 등장하지 않고, 브래드

피트는 죽은 파트로클로스의 눈에 리디아(Lydia)에서 주조된 동전을 얹어 준다. 실제로 그런 동전이 나온 것은 그로부터 500년 후인 기원전 700년경이다. 이 영화에서는 또 아가멤논과 메넬라오스 둘 다 죽고 파리스/알렉산더는 살아남는데, 이는 전통적인 『일리아드』/『서사시집』의 내용과 다른 결말이다. 하지만 이미 그리스 시대에도 일부 극작가들은 호메로스의 시 내용을 답습하면서도 어떤 부분은 바꾸어 작품을 썼다. 더 중요한 것은 작가들은 초서의 중세 기독교 문화, 셰익스피어의 엘리자베스조 문화, 〈트로이〉를 만든 볼프강 페터젠(Wolfgang Peterson) 감독의 이라크 전쟁 등, 각 시대의 불안과 욕망을 반영할 수 있도록 이야기나 분위기를 바꾼다는 것이다.

어느 시대 전쟁을 얘기하든 트로이 전쟁은 거기 어떤 영향력을 미치는데, 그 좋은 예로 제1차 세계대전 당시 트로이에서 다르다넬스 해협 바로 건너편에 있는 갈리폴리 전투에 참가했던 옥스퍼드 대학의 고전학자 패트릭 쇼-스튜어트(Patrick Shaw-Stewart)가 쓴 시를 보자:

배들과 도시들의 지옥,

트로이 전쟁

나 같은 인간들의 지옥,

치명적인 제2의 트로이여,

나는 왜 너를 따라가야 하나?

아킬레우스는 트로이로,

나는 케르소네소스(Chersonese)로 왔다가,

그는 분노에서 전투로

나는 사흘 동안의 평화에서 싸움터로 갔네.

아킬레우스여,

죽는 것이 그토록 어려웠나?

그대는 알았지만, 나는 알지 못하네―

그러니 나는 그만큼 더 행복한 사람.

 1964년, 저명한 역사가 모지스 핀리는 더 많은 증거
가 나올 때까지 트로이 전쟁의 이야기를 역사의 영역
에서 신화와 시의 영역으로 돌려놓아야 한다고 말했
다. 아히야와와 윌루사를 언급한 히타이트 기록, 트로
이에서 나온 새로운 고고학적 증거 등을 보면서 많은
이들이 이제 충분한 증거가 확보되었다고 생각할 것
이다. 하지만 호메로스가 『일리아드』와 『오디세이아』

에서 그린 '트로이 전쟁'이라고 할 하나의 전쟁은 아직 밝혀지지 않았다. 그 대신 우리는 트로이에서 여러 번의 트로이 전쟁과 여러 개의 트로이를 찾아냈고, 그 결과를 보면 이 모든 이야기에는 분명히 어떤 역사적 토대가 존재한다는 생각이 든다.

트로이 전쟁 이야기를 보면 현실과 환상의 경계가 모호하다. 제우스, 헤라 그리고 여러 신들이 전쟁에 개입하는 부분들을 보면 더욱 그런 생각이 들고, 그 밖에도 환상적인 요소들이 꽤 많이 등장한다. 하지만 호메로스와 『서사시집』에 나오는 그리스의 문학적 증거 뿐 아니라 고고학과 히타이트 기록들을 보면, 전반적으로 트로이와 트로이 전쟁은 분명 있어야 할 곳, 즉 청동기 후기 아나톨리아 북서부에 확실하게 자리 잡고 있다. 그뿐 아니라, 그 후 그리스와 로마 사람들을 감동시킨 사랑, 영예, 전쟁, 친족관계, 의무 등의 주제는 아이스킬로스, 소포클레스, 에우리피데스를 거쳐 베르길리우스, 오비디우스, 리비우스, 초서, 셰익스피어 그리고 그 이후의 작가들에게도 큰 반향을 불러일으켰다. 이처럼 트로이 전쟁의 이야기는 실제로 그(런) 사건이 일어난 3000여 년 전부터 오늘날까지 여전히 많은 이들의 마음을 사로잡고 있다.

주석: 인명 및 지명

『**귀환**_Returns_』 『서사시집』의 일부

네스토르 그리스 본토에 있는 필로스의 왕

라오메돈 헤라클레스가 쳐들어 왔을 때 트로이를 다스리던 왕으로, 그다음 왕이 프리엄

레스케스 (미틸렌의) 『소 일리아드』의 저자로 추정됨

루비어 기원전 2000년대에 아나톨리아(터키)에서 사용된 언어

마나파-타룬타 기원전 13세기경 트로아드 남쪽 세하 강의 땅을 다스린 왕

마두와타 「아히야와 서한」에서 중요한 역할을 하는 히타이트의 신하

메넬라오스 헬레네의 남편, 아가멤논의 형제, 미케네 스파르타의 왕

무와탈리 2세 기원전 1295~1272년경에 히타이트를 다스린 왕

미노아인 에게문명에서 청동기 시대에 크레테에 거주한 사람들

미케네 그리스 본토 펠레폰네소스 지역에 있던 미케네 문명의 주요 도시로 기원전 1700~1100년경에 미케네인이 거주. 슐리만에 의해

처음 발굴되었음.

미케네인 기원전 1700~1200년경 그리스 본토에 살았던 아케아인들

밀라와타 히타이트어로 소아시아/아나톨리아 해안에 있는 밀레투스를 가리키는 이름

「**밀라와타 서한**」 기원전 13세기 말에 히타이트의 왕 투달리야 4세가 보낸 것으로 추정되는 편지로, 밀라와타(밀레투스)와 '변절한 히타이트인' 피야마라두가 아히야와인들과 내통한 내용을 다루고 있음

바다의 사람들 기원전 1207과 기원전 1177년, 두 차례에 걸쳐 지중해 지역을 지나간 유민/이주민 집단으로, 이 지역에 존재하던 청동기 후기 문명의 멸망을 촉발한 것으로 추정됨

베르길리우스 1세기에 활동한 로마 시인

『**서사시집** Epic Cycle』 트로이 전쟁에 대한 단편들을 모은 시집

『**소 일리아드** Little Iliad』 『서사시집』의 일부

소포클레스 기원전 5세기에 활동한 그리스 극작가

수필루류마 1세 히타이트 역사상 가장 위대한 왕 중 하나로, 기원전 1350~1322년경에 재임

아가멤논 메넬라오스의 형제. 그리스 본토 미케네의 왕

아기아스 트로이젠 출신. 「귀환」의 작가로 추정됨

아르누완다 1세 히타이트의 왕. 쿠달리야 1/2세의 후계자로 기원전 1420년경 재위

아르크티누스 (밀레투스의) 『아이티오피스』와 『트로이의 약탈 Sack of Troy』의 저자로 추정됨

아이스퀼로스 기원전 5세기에 살았던 그리스의 극작가

『**아이티오피스** Aethiopis』 『서사시집』의 일부

아익스 그리스 초기 신화에 등장하는 영웅으로 추정됨

아카드어 근동에서 기원전 2000년대에 쓰인 언어로 당시 국제적으

로 통하는 외교어였음

아킬레우스 그리스의 영웅

아타리시야 아히야(이히야와)의 지배자

아테나 그리스 신화에서 지혜, 용기 등의 미덕을 상징하는 여신

아프로디테 그리스 신화에서 미와 사랑의 여신

아히야와 미케네 시대의 그리스를 가리키는 터키어로 추정됨

알락산두 기원전 1280년경 윌루사를 다스린 왕

「알락산두 협약서」 기원전 1280년경 윌루사의 알락산두와 히타이트의 무와탈리 2세가 조인한 긴 휴전협약서

앗수와 기원전 서부 아나톨리아의 22개 도시국가들이 모여 형성한 연합

에우리피데스 기원전 5세기에 살았던 그리스 극작가

에페이우스 트로이의 목마를 고안했다는 그리스의 전사

오디세우스 그리스의 영웅

『오디세이아Odyssey』 트로이 전쟁 후 오디세우스가 고향으로 돌아가는 과정을 그린 호메로스의 서사시

오비디우스 기원전 1세기에서 서기 1세기에 활동한 로마의 시인

월무 기원전 13세기 말에 윌루사를 통치한 왕

윌루사 트로이(일리오스)를 가리키는 것으로 추정되는 히타이트 이름

이피게니아 아가멤논의 딸로, 미케네 군에게 필요한 바람을 기원하는 의식에서 제물로 바쳐짐.

『일리아드』 트로이 전쟁의 마지막 며칠을 그린 호메로스의 서사시

일리오스 트로이의 또 다른 이름. 원래 철자는 (위)일리오스(W)ilios였음

자난자 히타이트의 수필루리우마 1세의 아들로, 기원전 14세기 중반 이집트로 가는 길에 살해됨

제우스 고대 그리스인이 숭배한 신들의 우두머리

쿠쿨리 피야마-쿠룬타 왕의 아들로, 기원전 1420년경에 재위한 앗수와의 왕

퀸투스 스뮈르나에우스 5세기에 활동한 서사시인

클뤼타임네스트라 아가멤논의 왕비

키프로스의 스타시누스 『키프리아』의 저자로 추정됨

『키프리아』 『서사시집』의 일부

키프리아스 (할리카르나소스의) 『키프리아』의 저자로 추정됨

타와갈라와 히타이트의 서한에 등장하는 기원전 13세기 아히야와 왕의 형제

「타와갈라와 서한」 기원전 1267~1237년경에 하티를 통치한 하투실리 3세로 추정되는 왕이 쓴 편지로, (미케네인으로 추정되는) 아히야와와 내통한 '변절한 히타이트인' 피야마라두의 활동을 다루고 있음

텔레마코스 오디세우스의 아들

투달리야 1/2세 기원전 1450~1420년경 히타이트를 통치한 왕으로, 앗수와 반란을 진압함

투달리야 4세 기원전 1237~1209년경 히타이트를 다스린 왕

튜트라니아 아킬레우스와 미케네인이 트로이로 착각하고 공격했던 트로이 남쪽에 있는 도시

트로이 일리오스; 프리엄, 알렉산더/파리스, 헥토르의 도시; 트로이 전쟁의 무대. 현대 터키의 히살릭에 있었던 것으로 추정됨

『트로이의 멸망*Iliupersis*』 『서사시집』의 일부

트로이인 고대 트로이의 주민들

파리스 트로이의 왕자 알렉산더의 또 다른 이름. 프리엄의 아들, 헬레네의 연인

파트로클로스 아킬레우스의 충실한 친구로, 아킬레스의 갑옷을 입

고 싸우다 전사함

프로클루스 『명문집*Chrestomatheia*』의 편집자로 2세기 또는 5세기의 작가

프리엄 트로이 전쟁 당시 트로이의 왕

피야마라두 기원전 13세기에 아히야와와 내통했던 '변절한 히타이트인'

피야마-쿠룬타 기원전 1420년경 이전에 앗수와 연합을 이끈 지도자

필록테테스 화살로 아킬레우스의 뒤꿈치를 쏘아 죽임

하투실리 3세 기원전 1267~1237년에 히타이트를 통치한 왕

헤게시아스 (살라미스의) 『키프리아』의 저자로 추정됨

헤라 제우스 신의 부인

헤라클레스 그리스의 영웅으로 트로이 전쟁 이전에 트로이를 공격했다고 함

헤로도토스 기원전 5세기에 살았던 그리스의 역사가

헤큐바 트로이 프리엄 왕의 왕비

헥토르 트로이의 영웅

헬레네 메넬라오스의 부인으로, 미케네 스파르타의 왕비. 알렉산더/파리스의 연인.

호메로스 기원전 750년경에 활동했던 시인으로, 『일리아드』와 『오디세이아』의 저자로 추정됨

히살릭 고대 트로이의 유적이 묻힌 것으로 추정되는 둔덕

히타이트 기원전 1700~1200년경 아나톨리아(현대의 터키)에 존재했던 강국

히타이트어 기원전 2000년대에 아나톨리아(터키)에서 사용된 언어

참고문헌

이 책에서 주로 인용한 『일리아드』 영문 번역은 A. T. Murray, *The Iliad, Books 1-12*; revised by William F. Wyatt (Cambridge, MA: Harvard University Press, 1999); Richmond Lattimore, *The Iliad of Homer* (Chicago: University of Chicago Press, 1961); Robert Fagles, *Homer: The Iliad* (New York: Penguin, 1991). 『오디세이아』 번역은 주로 A. T. Murray, *The Odyssey* (Cambridge, MA: Harvard University Press, 1984). 『서사시집』의 영문 번역은 H. G. Evelyn-White, *Hesiod, the homeric Hymns and Homerica* (London: W. Heinemann, 1914); 퀸투스 스뮈르나에우스의 번역은 Alan James, *Quintus Smyrnaeus: The Trojan Epic (Posthomerica)* (Baltimore: Johns Hopkins University Press, 2004). 헤로도토스의 번역은 George Rawlinson, *Herodotus: The Histories* (New York: Random House, 1997). 아히야 와에 대한 히타이트 기록의 번역은 Gary Beckman, Trevor Bryce, and Eric H. Cline, *The Ahhiyawa Texts* (Atlanta: Society of Biblical

Literature, 2011). 최근 이루어진 트로이 발굴에 대해서는 주로 1991년부터 2009년 사이에 매년 발간된 *Studia Troica*에 실린 논문들 참조. 대부분 독일어 논문이지만 영어 논문도 많음.

제2장 역사적 맥락에서 보는 트로이 전쟁

"다른 나라들이 자기들의 땅에서 음모를 꾸몄고": W. F. Edgerton and J. A. Wilson, *Historical Records of Ramses III: The Texts in Medinet Habu*, vols. 1 and 2 (Chicago: University of Chicago Press, 1936), 53, pl. 46; revised translation found in J. A. Wilson, "The War Against the Peoples of the Sea," in *Ancient Near Eastern Texts Relating to the Old Testament, Third Edition with Supplement*, ed. J. Pritchard, 262-63 (Princeton, NJ: Princeton University Press, 1969).

제3장 호메로스에 얽힌 의문들

"어떤 한 사람에 의해 발명되었다": Jay Tolson, "Was Homer a Solo Act or a Bevy of Bards? Classicists Have Few Clues but Lots of Theories," *US News and World Report*, July 24, 2000, 39; http://www.usnews.com/usnews/doubleissue/mysteries/homer.htm (2012.11.4. 방문)

제4장 히타이트의 문서들

"위대한 투달리야 왕은 앗수와 연합을 무찔렀다": Ahmet Unal, A. Ertekin, and I. Ediz, "The Hittite Sword from Bogazkoy-

Hattusa, Found 1991, and Its Akkadian Inscription," *Muze* 4 (1991):51.

"그들이 가파른 윌루사에서 왔을 때": Calvert Watkins, "The Language of the Trojans," in *Troy and the Trojan War: A Symposium Held at Bryn Mawr College October 1984*, ed. Machteld J. Mellink, 45-62, esp. pp. 58-62 (Bryn Mawr, PA: Bryn Mawr College, 1986).

"전면전, 한두 번의 접전, 아니면 외교적 통로를 통해 벌어진 단순한 언쟁": Trevor Bryce, in *The Ahhiyawa Texts*, ed. Gary Beckman, and Eric H. Cline, 121 (Atlanta: Society of Biblical Literature, 2011)

제5장 초기 발굴자들

"큰 칼로 그 보물을 캐냈다": David A. Traill, *Schliemann of Troy: Treasure and Deceit* (New York: St. Martin's Griffin, 1995), 111; Heinrich Schliemann, *Troy and Its Remains: A Narrative of Researches and Discoveries Made on the Site of Ilium, and in the Trojan Plain* (New York: Benjamin Blom, Inc., 1875).

"트로이의 존재 여부와 그 위치에 대한 기나긴 논쟁": Michael Wood, *In Search of the Trojan War*, 2nd ed. (Berkeley: University of California Press, 1996), 91. Wilhelm Dörpfeld, *Troja und Ilion: Ergebnisse der Ausgrabungen in den vorhistorischen und historischen*

Schichten von Ilion, 1870-1894 (Athens: Beck & Barth, 1902)를 인용하고 번역한 부분들이 포함되어 있음.

제6장 다시 히살릭으로

"발굴 결과를 보면 이 말이 맞지만": Carl W. Blegen, Troy and the Troyans (New York: Praeger, 1963), 145.

"되르프펠트까지도 7a층은 트로이 6층, 즉 6i층으로 불려야 한다고 말했다": Manfred Korfmann, "Die Arbeiten in Troia/Wilusa 2003: Work at Troia/Wilusa in 2003," Studia Troica 14 (2004): 5 and 14.

"우리는 6a층이 심한 지진 때문에 파괴되었다고 확신한다": Carl W. Blegen, John L. Caskey, and Marion Rawson, Troy III: The Sixth Settlement (Princeton, NJ: Princeton University Press, 1953), 331.

"신시내티 대학 발굴 팀이 제시한 증거는 압도적": George Rapp Jr., "Earthquakes in the Troad," in Troy: The Archaeological Geology, ed. G. Rapp and J. A. Gifford, 55-56 (Princeton, NJ: Princeton University Press, 1982).

"불탄 도시 도처에서 발견된": Carl W. Blegen, Cedric G. Boulter, John L. Caskey, and Marion Rawson, Troy IV: Settlements VIIa, VIIb and VIII (Princeton, NJ: Princeton University Press, 1958), 11-12

"파괴되고 검게 불탄 유적들": Carl W. Blegen, Troy and the Troyans (New York: Praeger, 1963), 162.

"다시 거주하기 시작했다": Carl W. Blegen, Cedric G. Boulter, John L. Caskey, and Marion Rawson, Troy IV: Settlements VIIa, VIIb and VIII (Princeton, NJ: Princeton University Press, 1958), 142.

"우리가 되르프펠트의 층 구분을 고칠 수 있다면": Carl W. Blegen, Cedric G. Boulter, John L. Caskey, and Marion Rawson, Troy IV: Settlements VIIa, VIIb and VIII (Princeton, NJ: Princeton University Press, 1958), 144.

"작은 단위로 나뉘어 어렵게 발굴되었다": Peter Jablonka, "Troy," in The Oxford Handbook of the Bronze Age Aegean, ed. Eric H. Cline, 853 (New York: Oxford University Press, 2010).

"전쟁으로 인한 파괴로": Manfred Korfmann, "Troia-Ausgrabungen 1995," Studia Troica 6 (1996): 7, see also 34-39.

"투석기 탄환 더미들을": Manfred Korfman, "Was There a Trojan War?" Archaeology 57/3 (2004): 37

"전쟁으로 인한 파괴 때문에": Manfred Korfman, "Die Arbeiten in Troia/Wilusa 2003; Work at Troia/Wilusa in 2003," Studia Troica 14 (2004): 15, table on 16.

트로이 전쟁

"발굴 결과를 보면 이 도시는 화재와 전쟁으로 인해…": Korfman, in the transcript of the BBC documentary The Truth of Troy; http://www.bb.co.uk/science/horizon/2004/troytrans.shtml (last accessed November 4, 2012).

"보기 민망한 주먹다짐": Philip Howard, "Troy Ignites Modern-Day Passions," Australian, February 26, 2002, 12.

에필로그

"트로이 전쟁이라는 주제": Susan Sherratt, "The Trojan War: History or Bricolage?" Bulletin of the Institute for Classical Studies 53.2 (2010):5. See also similar statements by Kurt A. Raaflaub, "Homer, the Trojan War, and History," Classical World 91/5 (1998): 393

"실제로 일어난 역사적 사건의 이런저런 면을 바꾸었다": Suzanne Saaïd, Homer and the Odyssey (Oxford: Oxford University Press, 2011) 76-77.

"아킬레우스, 죽는 게 그렇게 어려웠나, 정말 그토록 어려웠나?": originally published in the London Mercury 1:3 (January 1920): 267; reprinted in Elizabeth Vandiver, Stand in the Trench, Achilles: Classical Receptions in British Poetry of the Great War (Oxford: Oxford University Press, 2010) 270-71.

"실제로 일어난 역사적 사건의 이런저런 면을 바꾸었다": 수잰 사이드(Suzanne Saïd), 『호메로스와 「오디세이아」』(옥스퍼드: 옥스퍼드 대 출판부, 2011년), 76-77쪽.

"아킬레우스, 죽는 게 그렇게 어려웠나, 정말 그토록 어려웠나?": 원래 『런던 머큐리London Mercury』 1권 3호 (1920년 1월), 267쪽 ; 일리저벳 밴더버(Elizabeth Vandiver), 『아킬레우스, 참호 안에 서게: 세계대전을 다룬 영국 시에 나타난 고전문학의 영향Classical Receptions in British Poetry of the Great War』(옥스퍼드: 옥스퍼드 대 출판부, 2010년), 270-71쪽에 실려 있음.

추가 참고문헌

트로이 전쟁 관련

Alexander, Caroline. *The War that Killed Achilles: The True Story of Homer's Iliad and the Trojan War*. New York: Viking, 2009.

Blegen, Carl W. *Troy and the Trojans*. New York: Praeger, 1963.

Bryce, Trevor L. "The Trojan War." In *The Oxford Handbook of the Bronze Age Aegean*. ed. Eric H, Cline, 475-82. New York: Oxford University Press, 2010.

Castleden, Rodney. *The Attack on Troy*. Bamsley, UK: Pen & Sword Books, 2006.

Dickinson, Oliver. "Was There Really a Trojan War?" In *Dioskouroi. Studies presented to W, G. Cavanagh and C. B. Mee on the anniversary of their 30-year joint contribution to Aegean Archaeology*. ed. C. Gallou, M. Georgiadis, and G. M. Muskett, 189-97. Oxford: Archaeopress,

2008.

Fields, Nic. *Troy c. 1700-1250 BC*. Oxford: Osprey Publishing, 2004.

Finley, Moses I. "The Trojan War." *Journal of Hellenic Studies* 84 (1964):1-9.

Graves, Robert. *The Siege and Fall of Troy*. London: The Folio Society, 2005.

Korfmann, Manfred. "Was There a Trojan War? Troy Between Fiction and Archaeological Evidence." In *Troy: From Homer's Iliad to Hollywood Epic*. ed. Martin M. Winkler, 20-26. Oxford: Blackwell, 2007.

Latacz, Joachim. *Troy and Homer: Towards a Solution of an Old Mystery*. New York: Oxford University Press, 2004.

Raaflaub, Kurt A. "Homer, the Trojan War, and History." *Classical World* 91/5 (1998): 386-403.

Sherratt, Susan. "The Trojan War: History or Bricolage?" *Bulletin of the Institute for Classical Studies* 53.2 (2010): 1-18.

Strauss, Barry. *The Trojan War: A New History*. New York: Simon & Schuster, 2006.

Thomas, Carol G., and Craig Conant. *The Trojan War*. Westport, CT: Greenwood Press, 2005.

Thompson, Diane P. *The Trojan War: Literature and Legends from the Bronze Age to the Present*. Jefferson, NC: McFarland, 2004. [Accompanying and updated website: http://novaonlinenvcc.edu/ Eli/ Troy/BbVersion/Hroy/index.html]

Winkler, Martin M., ed. *Troy: From Homer's Iliad to Hollywood Epic*. Oxford: Blackwell, 2007.

Wood, Michael. Tn Search of the Trojan War. 2nd ed. Berkeley:
University of California Press, 1996.

호메로스 및 여타 고대 저작 관련

Burgess, Jonathan S. *The Tradition of the Trojan War in Homer & the Epic Cycle*. Baltimore, MD: Johns Hopkins University Press, 2001.

Dalby, Andrew. *Rediscovering Homer: Inside the Origins of the Epic*. New York: W. W. Norton, 2006.

Finkelberg, Margalit, ed. *The Homer Encyclopedia*. 3 vols. Oxford: Wiley-Blackwell, 2011.

James, Alan. *Quintus Smyrnaeus: The Trojan Epic (Posthomerica)*. Baltimore, MD: Johns Hopkins University Press, 2004.

Lord, Albert. With Steven Mitchell and Gregory Nagy, ed. *The Singer of Tales*. 2nd ed. Cambridge, MA: Harvard University Press, 2000.

Nagy, Gregory. *The Best of the Achaeans: Concepts of the Hero in Archaic Greek Poetry*. Baltimore, MD: Johns Hopkins University Press, 1979.

Parry, Adam, ed. *The Making of Homeric Verse: The Collected Papers of Milman Parry*. Oxford: Oxford University Press, 1971.

Powell, Barry B. *Homer*. 2nd ed. Oxford: Wiley-Blackwell, 2007.

Powell, Barry B. *Homer and the Origin of the Greek Alphabet*. Cambridge: Cambridge University Press, 1996.

Said, Suzanne. *Homer and the Odyssey*. Oxford: Oxford University

Press, 2011.

Thomas, Carol G., ed. *Homer's History: Mycenaean or Dark Age?* Huntington, NY: Robert E. Krieger, 1977.

West, Martin L. "The Invention of Homer." *Classical Quarterly* 49 (1999): 364-82.

Willcock, Malcolm. "Neoanalysis." In *A New Companion to Homer*, ed. Ian Morris and Barry B. Powell, 174-92. Leiden: Brill, 1997.

아킬레우스와 트로이의 헬레네 관련

Austin, Norman. *Helen of Troy and Her Shameless Phantom.* Ithaca, NY: Cornell University Press, 2008.

Hughes, Bettany. *Helen of Troy: Goddess, Princess, Whore.* New York: Knopf, 2005. Maguire, Laurie. *Helen of Troy: From Homer to Hollywood.* Oxford: Wiley-Backwell, 2009.

Shay, Jonathan. *Achilles in Vietnam: Combat Trauma and the Undoing of Character.* New York: Simon & Schuster, 1995.

트로이 고고학 관련

Blegen, Carl W. *Troy and the Trojans.* New York: Praeger, 1963.

Blegen, Carl W., John L. Caskey, and Marion Rawson. *Troy III: Sixth Settlement.* Princeton, NJ: Princeton University Press, 1953.

Blegen, Carl W., Cedric G. Boulter, John L. Caskey, and Marion Rawson. *Troy IV: Settlements VIIa, VIIb and VIII.* Princeton, NJ: Princeton University Press, 1958.

Dörpfeld, Wilhelm. *Troja und Ilion: Ergebnisse der Ausgrabungen in den vorhistorischen und historischen Schichten von Ilio, 1870-1894.* Athens: Beck & Barth, 1902.

Jablonka, Peter. "Troy." In *The Oxford Handbook of the Bronze Age Aegean.* ed. Eric H. Cline, 849-61. New York: Oxford University Press, 2010.

Mountjoy, Penelope A. "The Destruction of Troia VIh" *Studia Troica* 9 (1999) : 253-93.

Mountjoy, Penelope A. "Troia VII Reconsidered." *Studia Troica* 9 (1999): 295-346.

Schliemann, Heinrich. *Ilios: the City and Country of the Trojans.* New York: Benjamin Blom, Inc., 1881.

Schliemann, Heinrich. *Troy and Its Remains: A Narrative of Researches and Discoveries Made on the Site of Ilium, and in the Trojan Plain.* New York: Benjamin Blom, 1875.

하인리히 슐리만 관련

Allen, Susan Heuck. *Finding the Walls of Troy: Frank Calvert and Heinrich Schliemann at Hisarlik.* Berkeley: University of California Press, 1999.

Boedeker, Deborah, ed. *The World of Troy: Homer, Schliemann, and the Treasures of Priam.* Proceedings from a Seminar sponsored by the Society for the Preservation of the Greek Heritage and held at the Smithsonian Institution on February 21-22, 1997. Washington, DC: Society for the Preservation of the Greek Heritage, 1997.

Calder, William A. III, and David A. Traill. *Myth, Scandal and History: The Heinrich Schliemann Controversy and a First Edition of the Mycenaean Diary.*
Detroit, MI: Wayne State University Press, 1986.

Schuchhardt, *Carl. Schliemann's Excavations: An Archaeological and Historical Study.* New York: Macmillan and Co., 1891.

Traill, David A. *Excavating Schliemann: Collected Papers on Schliemann.* Atlanta: Scholars Press, 1993.

Traill, David A. *Schliemann of Troy: Treasure and Deceit.* New York: St. Martin's Griffin, 1995.

히타이트 관련

Bryce, Trevor. *The Kingdom of the Hittites,* New ed. New York: Oxford University Press, 2005.

Bryce, Trevor. *Life and Society in the Hittite World.* Oxford: Oxford University Press, 2004.

Bryce, Trevor. *The Trojans and Their Neighbors.* London: Routledge, 2006.

Bryce, Trevor. *The World of the Neo-Hittite Kingdoms: A Political and Military History.* New York: Oxford University Press, 2012.

Collins, Billie Jean. *The Hittites and Their World.* Atlanta: Society of Biblical Literature, 2007.

미케네인 관련

Castledon, Rodney. *The Mycenaeans*. London: Routledge, 2005.

Dickinson, Oliver T. P. K. *The Aegean Bronze Age*. Cambridge: Cambridge University Press, 1994.

Finley, Moses I. *The World of Odysseus*. New York: Penguin, 1956.

French, Elizabeth. *Mycenae:Agamemnon's Capital*. Oxford: Tempus, 2002.

Schofield, Louise. *The Mycenaeans. Malibu*, CA: J. Paul Getty Museum, 2007.

바다의 사람들 관련

Cline, Eric H., and David O'Connor. "The Sea Peoples." In *Ramesses III: The Life and Times of Egypt's Last Hero*. ed. Eric H. Cline and David O'Connor, 180-208. Ann Arbor: University of Michigan Press, 2012.

Roberts, R. Gareth. *The Sea Peoples and Egypt*. PhD diss. Oxford: University of Oxford, 2008.

Sandars, Nancy. *The Sea Peoples: Warriors of the Ancient Mediterranean*. 1250-1150 BC. 2nd ed. London: Thames and Hudson, 1985.

찾아보기

트로이 전쟁

트로이 전쟁

트로이 전쟁

옮긴이 손영미

서울대학교 영어교육과를 졸업하고, 같은 대학원 영문과에서 석사학위를 받았다. 박사과정 수료 후 미국 오하이오주 켄트 주립대학교 영문과에 진학, 석사학위를 받고, 에밀리 디킨슨의 시간시(時間詩) 연구로 박사학위를 받은 후 강사로 근무했다. 1995년부터 원광대학교 영문과 교수로 재직 중이다. 지은 책으로 『The Challenge of Temporality: The Time Poems of Emily Dickinson』, 『English in Action』, 『서술이론과 문학비평』(공저), 옮긴 책으로 『여권의 옹호』, 『현대 서술이론의 흐름』(공역), 『이상한 나라의 앨리스』, 『이선 프롬』, 『암초』, 『늑대와 함께 달리는 여인들』, 『여섯 살』, 『훌륭한 군인』 등이 있다. 영문학 안에서는 서사이론(narrative theory), 페미니즘, 유토피아 문학, 사상사 등에 관심을 가지고 있다.

트로이 전쟁

2016년 4월 10일 초판 1쇄 인쇄
2016년 4월 15일 초판 1쇄 발행

지은이 | 에릭 H. 클라인
옮긴이 | 손영미
펴낸이 | 권오상
펴낸곳 | 연암서가

등 록 | 2007년 10월 8일(제396-2007-00107호)
주 소 | 경기도 고양시 일산서구 호수로 896, 402-1101
전 화 | 031-907-3010 팩 스 | 031-912-3012
이메일 | yeonamseoga@naver.com
ISBN 978-89-94054-87-2 04920 978-89-94054-86-5(총서)

값 13,000원